NCS 문제해결능력의 기초부터 실전까지 완벽 대비

KB215520

NCS
고졸채용

문제해결능력

NCS 공기업연구소 편저

예듬에듀
EDU

NCS(국가직무능력표준)

NCS(국가직무능력표준) 개념도

국가직무능력표준(NCS ; National Competency Standard)은 산업현장에서 직무를 수행하기 위해 요구되는 지식 · 기술 · 태도 등의 내용을 국가가 체계화한 것

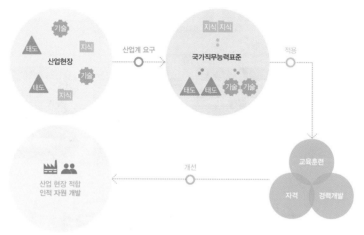

NCS(국가직무능력표준) 분류

- 국가직무능력표준의 분류는 직무의 유형(Type)을 중심으로 국가직무능력표준의 단계적 구성을 나타내는 것으로, 국가직무능력표준 개발의 전체적인 로드맵을 제시
- 한국고용직업분류(KECO ; Korean Employment Classification of Occupations)를 기본으로 하여 분류하였으며 '대분류(24개) → 중분류(81개) → 소분류(269개) → 세분류(NCS, 948개)'로 구성

분류	하위능력
대분류	주요 산업분야(Industry)을 기준으로 구분 예 정보통신 등
중분류	주요 산업분야를 구성하는 하위 산업(Sub−industry)을 기준으로 구분 예 정보기술, 통신기술, 방송기술 등
소분류	유사한 직업의 집합으로 직업군(Occupation cluster)을 기준으로 구분 예 정보기술개발, 정보기술관리 등
세분류	주어진 업무와 과업이 높은 유사성을 갖는 유사한 직무능력의 집합(Competency cluster)으로 직업(Occupation) 정도의 크기로 구분 예 SW아키텍쳐, 응용SW엔지니어링, DB엔지니어링 등

- NCS는 다음의 5가지 원칙을 적용하여 분류
  ① 포괄성(Inclusiveness) : NCS 활용도를 고려하여 개발 대상 분야의 직무는 가능한 NCS 분류에 모두 포함되어야 함
  ② 배타성(Exclusion) : 동일 수준의 분류 간에는 상호 차별성을 유지하여야 하며, 동일하거나 유사한 직무는 가능한 하나의 직무로 표현되어야 함
  ③ 위계성(Hierarchy) : 대–중–소–세분류의 수준 간 위계적 구조 및 포괄적 관계가 명확하여야 함
  ④ 계열성(Sequence) : 동일 분류의 직무는 상호 내용적 관련성이 있는 것들로 구성되어야 함
  ⑤ 보편성(Universality) : NCS 분류를 구성하는 직업 및 직무는 특수한 것이라기보다는 보편적인 것으로 구성되어야 함

직업기초능력

- 정의 : 직종이나 직위에 상관없이 모든 직업인들에게 공통적으로 요구되는 기본적인 능력 및 자질
- 구분

능력	하위영역
의사소통능력	문서이해능력, 문서작성능력, 경청능력, 의사표현능력, 기초외국어능력
자원관리능력	시간관리능력, 예산관리능력, 물적자원관리능력, 인적자원관리능력
문제해결능력	사고력, 문제처리능력
정보능력	컴퓨터 활용능력, 정보처리능력
조직이해능력	국제감각, 조직 체제 이해능력, 경영이해능력, 업무이해능력
수리능력	기초연산능력, 기초통계능력, 도표분석능력, 도표작성능력
자기개발능력	자아인식능력, 자기관리능력, 경력개발능력
대인관계능력	팀웍능력, 리더십능력, 갈등관리능력, 협상능력, 고객서비스능력
기술능력	기술이해능력, 기술선택능력, 기술적용능력
직업윤리	근로윤리, 공동체윤리

문제해결능력

문제해결능력 개념

- 문제 : 원활한 업무수행을 위해 해결해야 하는 질문이나 의논 대상을 의미
- 문제해결 : 목표와 현상을 분석하고 분석 결과를 토대로 주요과제를 도출한 뒤, 바람직한 상태나 기대되는 결과가 나타나도록 최적의 해결안을 찾아 실행, 평가해 가는 활동을 의미

사고력	• 일상생활뿐 아니라 공동체 생활의 문제를 해결하기 위해 요구되는 기본요소 • 창의적, 논리적, 비판적으로 생각하는 능력
문제해결능력	다양한 상황에서 발생한 문제의 원인 및 특성을 파악한 뒤 적절한 해결안을 선택, 적용하고 그 결과를 평가하여 피드백하는 능력

NCS 문제 유형

모듈형

- 모듈이론의 개념과 이를 응용한 문제로 구성되어 있는 문제 유형
- 이론과 암기가 필요한 문제 유형
- 모듈형 문제 유형 예시

---

01 다음 중 문제의 유형이 다른 것은?

① 제조 문제   ② 기술상 문제
③ 인사 문제   ④ 논리적 문제
⑤ 경리 문제

PSAT형(피셋형)

- PSAT(Public Service Aptitude Test)형은 공공서비스 정성 검사의 형태로 공직에서의 업무 수행능력을 평가
- 암기보다는 이해가 더 필요한 문제 유형
- PSAT형 문제 유형 예시

> **01** 친구 3명 A, B, C가 함께 야구 직관을 갔다. 이들이 쓴 지출 내역이 다음과 같으며, A는 교통비를, B는 유니폼과 모자를, C는 관람 티켓과 치킨+음료 세트를 결제했다. 이들 3명이 공통으로 지출한 비용을 동일하게 분배할 때, C가 나머지 두 사람에게 전달할 금액으로 옳은 것은?(단, 제시된 금액 외에 다른 비용은 없다고 가정한다.)
>
> | 지출 내역 | 금액 | 비고 |
> | --- | --- | --- |
> | 관람 티켓 | 60,000원 | 내야 1루석 3매 |
> | 교통비(KTX) | 210,000원 | 성인 3인. 왕복 비용 |
> | 유니폼 | 146,000원 | 동일한 유니폼 2개. A와 C만 구입 |
> | 모자 | 25,000원 | B만 구입 |
> | 치킨+음료 세트 | 30,000원 | 3인분 |
>
> | | A | B |
> | --- | --- | --- |
> | ① | 37,000원 | 32,000원 |
> | ② | 37,000원 | 46,000원 |
> | ③ | 46,000원 | 37,000원 |
> | ④ | 53,000원 | 32,000원 |
> | ⑤ | 53,000원 | 46,000원 |

피듈형

- PSAT형과 모듈형이 결합되어 있는 유형
- 모듈이론을 기반으로 PSAT형의 논리적 사고력을 필요로 하는 문제 유형
- 최근 출제되는 유형
- 피듈형 문제 유형 예시

> **01** 다음 글의 결론을 이끌어내기 위해 추가해야 할 전제만을 〈보기〉에서 모두 고르면?
>
> 젊고 섬세하고 유연한 자는 아름답다. 아테나는 섬세하고 유연하다. 아름다운 자가 모두 훌륭한 것은 아니다. 덕을 가진 자는 훌륭하다. 아테나는 덕을 가졌다. 아름답고 훌륭한 자는 행복하다. 따라서 아테나는 행복하다.
>
> | 보기 |
> | --- |
> | ㉠ 아테나는 젊다.　　　　　　　　　　㉡ 아테나는 훌륭하다. |
> | ㉢ 아름다운 자는 행복하다. |
>
> ① ㉠　　　　　　　　　　② ㉢
> ③ ㉠, ㉡　　　　　　　　　④ ㉡, ㉢
> ⑤ ㉠, ㉡, ㉢

이 책의 구성과 특징

NCS의 기초! 모듈형 익히기

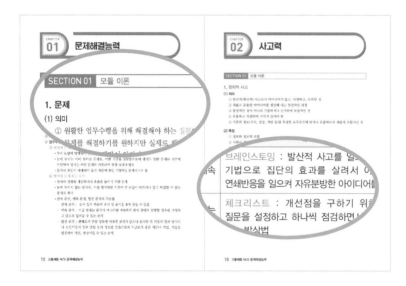

- NCS의 기초가 되는 모듈 이론과 모듈형 문제를 하위 능력별로 정리하였습니다.
- 중요한 부분은 '별색' 처리 하여 한눈에 습득할 수 있 도록 하였습니다.

유형별 학습으로 대비

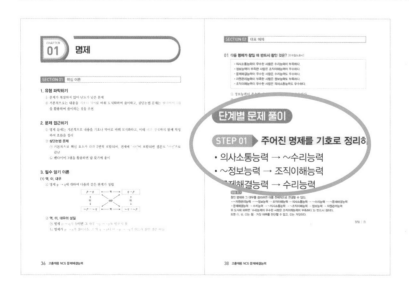

- 유형별로 핵심 이론+대표 예제+출제 예상 문제를 수 록하여 모든 유형에 대비할 수 있도록 하였습니다.
- 최신 공기업 기출문제를 대 표예제로 선택하였고 단계 별 문제 풀이를 수록하여 문제에 더욱 쉽게 접근하 고 빠르게 해결하는 방법 을 파악할 수 있도록 하였 습니다.

실전같이 풀어보는 모의고사

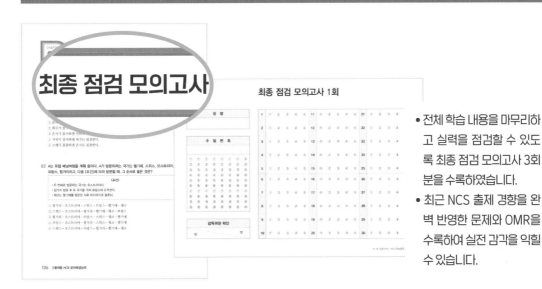

- 전체 학습 내용을 마무리하고 실력을 점검할 수 있도록 최종 점검 모의고사 3회분을 수록하였습니다.
- 최근 NCS 출제 경향을 완벽 반영한 문제와 OMR을 수록하여 실전 감각을 익힐 수 있습니다.

학습 효과 UP! 상세한 정답 및 해설

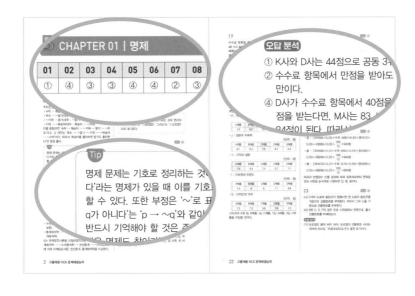

- 쉽고 빠른 정답 확인을 위해 정답 박스를 수록하였습니다.
- 학습에 도움이 되도록 상세한 해설과 오답 분석을 수록하였습니다.
- 해설의 이해를 돕는 Tip을 수록하였습니다.

목차

모듈형

PART 01

문제해결능력

SECTION 01 | 모듈 이론

1. 문제

(1) 의미

① 원활한 업무수행을 위해 해결해야 하는 질문이나 의논 대상을 의미

② 문제를 해결하기를 원하지만 실제로 해결해야 하는 방법을 모르고 있는 상태. 또는 문제에 대해 얻고자 하는 해답이 있지만 그 해답을 얻는 데 필요한 일련의 행동을 알지 못한 상태

(2) 유형

① **기능에 따른 문제 유형** : 제조 문제, 판매 문제, 자금 문제, 인사 문제, 경리 문제, 기술상 문제

② **해결방법에 따른 문제 유형** : 논리적 문제, 창의적 문제

③ **시간에 따른 문제 유형** : 과거 문제, 현재 문제, 미래 문제

④ **업무수행 과정 중 발생한 문제 유형**

    ㉠ 발생형 문제(보이는 문제)

        • 우리 눈앞에 발생되어 당장 해결하기 위해 고민하는 문제

        • 눈에 보이는 이미 일어난 문제로, 어떤 기준을 일탈함으로써 생기는 일탈 문제와 기준에 미달하여 생기는 미달 문제로 대변되며 원상 복귀가 필요

        • 문제의 원인이 내재되어 있기 때문에 원인 지향적인 문제라고도 함

    ㉡ 탐색형 문제(찾는 문제)

        • 현재의 상황을 개선하거나 효율을 높이기 위한 문제

        • 눈에 보이지 않는 문제로, 이를 방치하면 이후에 큰 손실이 따르거나 결국 해결할 수 없는 문제로 확대

        • 잠재 문제, 예측 문제, 발견 문제로 구분됨

           – 잠재 문제 : 숨어 있기 때문에 조사 및 분석을 통해 찾을 수 있음

           – 예측 문제 : 지금 현재는 문제가 아니지만 계속해서 현재 상태로 진행할 경우를 가정하고 앞으로 일어날 수 있는 문제

           – 발견 문제 : 현재로서 담당 업무에 아무런 문제가 없으나 유사한 타 기업의 업무 방식이나 선진기업의 업무 방법 등의 정보를 얻음으로써 지금보다 좋은 제도나 기법, 기술을 발견하여 개선, 향상시킬 수 있는 문제

ⓒ 설정형 문제(미래 문제)

- 미래 상황에 대응하는 장래 경영전략의 문제로 '앞으로 어떻게 할 것인가'에 대한 문제를 의미
- 지금까지 해오던 것과 전혀 관계없이 미래 지향적으로 새로운 과제 또는 목표를 설정함에 따라 일어나는 문제로서, 목표 지향적 문제라고 할 수 있음
- 창조적인 노력이 요구되기 때문에 창조적 문제라고도 함

2. 문제해결

(1) 정의
목표와 현상을 분석하고 분석 결과를 토대로 주요 과제를 도출한 뒤, 바람직한 상태나 기대되는 결과가 나타나도록 최적의 해결안을 찾아 실행 · 평가하는 활동을 의미

(2) 의의
① **조직 측면** : 자신이 속한 조직의 관련 분야에서 세계 일류수준을 지향하며, 경쟁사와 대비하여 탁월하게 우위를 확보하기 위해서 끊임없는 문제해결이 요구됨
② **고객 측면** : 고객이 불편하게 느끼는 부분을 찾아 개선하거나 고객 감동을 통한 고객 만족을 높이는 측면에서 문제해결이 요구됨
③ **자기 자신 측면** : 불필요한 업무를 제거하거나 단순화하여 업무를 효율적으로 처리하게 됨으로써 자신을 경쟁력 있는 사람으로 만들어 나가는 데 문제해결이 요구됨

(3) 문제해결의 필수 요소
① 조직과 각 실무자는 체계적인 교육훈련을 통해 일정 수준 이상의 문제해결능력을 발휘할 수 있도록 노력해야 함
② 또한 고정관념과 편견 등 심리적 타성 및 기존의 패러다임을 극복하고 새로운 아이디어를 효과적으로 낼 수 있는 창조적 기술 등을 습득하는 것이 필요함
③ 개인은 사내외의 체계적인 교육훈련을 통해 문제해결을 위한 기본 지식뿐 아니라 본인이 담당하는 전문영역에 대한 지식도 습득해야 함

(4) 문제해결을 위한 기본적 사고
① **전략적 사고** : 현재 당면하고 있는 문제와 그 해결방법에만 집착하지 않고, 그 문제와 해결방안이 상위 시스템 또는 다음 문제와 어떻게 연결되어 있는지를 생각하는 것이 필요함
② **분석적 사고** : 전체를 각각의 요소로 나누어 그 요소의 의미를 도출한 다음 우선순위를 부여하고 구체적인 문제해결 방법을 실행하는 것이 요구됨
  ㉠ 성과 지향의 문제 : 기대하는 결과를 명시하고 효과적으로 달성하는 방법을 사전에 구상하고 실행
  ㉡ 가설 지향의 문제 : 현상 및 원인 분석 전에 지식과 경험을 바탕으로 일의 과정이나 결과, 결론을 가정한 다음 검증 후 사실일 경우 다음 단계의 일을 수행
  ㉢ 사실 지향의 문제 : 일상 업무에서 일어나는 상식, 편견을 타파하여 객관적 사실로부터 사고와 행동을 실행

③ 발상의 전환 : 사물과 세상을 바라보는 인식의 틀을 전환하여 새로운 관점에서 바라보는 사고를 지향

④ 내·외부자원의 효과적 활용 : 문제해결 시 기술, 재료, 방법, 사람 등 필요한 자원 확보 계획을 수립하고 내·외부자원을 효과적으로 활용

(5) 문제해결의 장애 요인

① **문제를 철저하게 분석하지 않는 경우** : 문제를 성급하게 판단하면 근본적인 해결이 어려움

② **고정관념에 얽매이는 경우** : 증거와 논리에도 불구하고 개인적인 편견이나 경험, 습관으로 정해진 규정과 틀에 얽매여서 새로운 아이디어와 가능성을 무시해버릴 수 있음

③ **쉽게 떠오르는 단순한 정보에 의지하는 경우** : 단순한 정보에 의지하면 문제를 해결하지 못하거나 오류를 범함

④ **너무 많은 자료를 수집하려고 노력하는 경우** : 양적인 부분에만 치중한 자료 수집은 오류를 범할 가능성이 높음

(6) 문제해결 방법

① **소프트 어프로치에 의한 문제해결**

㉠ 조직 구성원들이 같은 문화적 토양을 가지고 이심전심으로 서로를 이해하는 상황을 가정하는 방법

㉡ 문제해결을 위한 직접적인 표현은 바람직하지 않다고 여기며, 무언가를 시사·암시하는 간접적인 방법을 통하여 의사를 전달함으로써 문제해결을 도모

② **하드 어프로치에 의한 문제해결** : 상이한 문화적 토양을 가지고 있는 구성원을 가정하고, 서로의 생각을 직설적으로 주장한 후 논쟁이나 협상을 통해 서로의 의견을 조정해 가는 방법

③ **퍼실리테이션에 의한 문제해결**

㉠ 퍼실리테이션(facilitation) : 우리말로 '촉진'을 의미하며, 어떤 그룹이나 집단이 의사결정을 잘하도록 도와주는 일

㉡ 깊이 있는 커뮤니케이션을 통해 서로의 문제점을 이해하고 공감함으로써 상호 작용이 활발하게 이루어지도록 하여 창조적인 문제해결을 도모

01 다음은 문제해결 방법에 관한 설명이다. 빈칸 A, B에 들어갈 말이 바르게 짝지어진 것은?

> • (A) : 조직 구성원들이 같은 문화적 토양을 가지고 이심전심으로 서로를 이해하는 상황을 가정하는 방법
> • (B) : 상이한 문화적 토양을 가지고 있는 구성원을 가정하고, 서로의 생각을 직설적으로 주장하고 논쟁이나 협상을 통해 서로의 의견을 조정해 가는 방법

	A	B
①	소프트 어프로치	하드 어프로치
②	하드 어프로치	소프트 어프로치
③	소프트 어프로치	퍼실리테이션
④	하드 어프로치	퍼실리테이션
⑤	퍼실리테이션	하드 어프로치

정답 | ①

해설 | **문제해결 방법**

소프트 어프로치	• 조직 구성원들이 같은 문화적 토양을 가지고 이심전심으로 서로를 이해하는 상황을 가정하는 방법 • 문제해결을 위해서 직접적인 표현은 바람직하지 않다고 여김 • 무언가를 시사 · 암시하는 방법을 통해 의사를 간접적으로 전달함으로써 문제해결을 도모함
하드 어프로치	상이한 문화적 토양을 가지고 있는 구성원을 가정하고, 서로의 생각을 직설적으로 주장하고 논쟁이나 협상을 통해 서로의 의견을 조정해 가는 방법
퍼실리테이션	• 퍼실리테이션(facilitation)이란 우리말로 '촉진'을 의미하며, 어떤 그룹이나 집단이 의사결정을 잘하도록 도와주는 일을 뜻함 • 깊이 있는 커뮤니케이션을 통해 서로의 문제점을 이해하고 공감함으로써 상호작용이 활발하게 이루어지도록 하여 창조적인 문제해결을 도모함

02 다음 중 문제해결의 기본 요소에 관한 설명으로 옳지 않은 것은?

① 고정관념, 편견 등 심리적 타성 및 기존의 패러다임을 극복하고 새로운 아이디어를 효과적으로 낼 수 있는 창조적 문제해결능력에 필요한 스킬을 습득해야 한다.

② 담당 업무에 대한 풍부한 지식과 경험을 통해서 해결하고자 하는 문제에 대한 지식을 갖추고 있어야 한다.

③ 문제의 체계적인 접근을 위해 해당 문제를 조직 전체가 아닌 개개인의 관점에서 바라보아야 한다.

④ 현상에 대한 도전의식과 새로운 것을 추구하려는 자세, 난관에 봉착했을 때 헤쳐 나가려는 태도 등을 갖춰야 한다.

⑤ 다양한 문제해결방법에 관한 지식을 습득하고 이를 적절히 사용할 수 있어야 한다.

정답 | ③
해설 | 문제를 조직 전체적인 관점에서 바라보고 체계적으로 접근하여야 한다.

03 다음 중 문제의 유형이 다른 것은?

① 제조 문제   ② 기술상 문제
③ 인사 문제   ④ 논리적 문제
⑤ 경리 문제

정답 | ④
해설 | 논리적 문제는 해결방법에 따른 문제에 해당되며, 나머지는 모두 기능에 따른 문제의 유형이다.

04 다음 중 탐색형 문제에 해당하는 것을 모두 고른 것은?

ㄱ. 잠재 문제	ㄴ. 예측 문제
ㄷ. 발견 문제	ㄹ. 일탈 문제

① ㄱ   ② ㄱ, ㄴ
③ ㄴ, ㄷ   ④ ㄴ, ㄹ
⑤ ㄱ, ㄴ, ㄷ

정답 | ⑤
해설 | 잠재 문제, 예측 문제, 발견 문제는 탐색형 문제에 해당하지만 일탈 문제는 발생형 문제에 해당한다.

05 다음 중 연결 관계가 알맞은 것은?

구분	문제의 유형
ㄱ	제조 공장의 A파트에 생산성을 15%로 높이라는 임무가 떨어졌다.
ㄴ	기획실의 B부장에게 향후 R&D 투자 확대 전략에 따른 발생 가능한 문제를 파악하라는 지시가 내려 왔다.
ㄷ	생산 부서 C과장에게 제품 불량에 대한 고객사들의 클레임이 발생했다.

	발생형 문제	탐색형 문제	설정형 문제

	ㄱ	ㄴ	ㄷ
①	탐색형 문제	설정형 문제	발생형 문제
②	탐색형 문제	발생형 문제	설정형 문제
③	발생형 문제	탐색형 문제	설정형 문제
④	발생형 문제	설정형 문제	탐색형 문제
⑤	설정형 문제	발생형 문제	탐색형 문제

정답 | ①
해설 | ㄱ은 탐색형 문제(찾는 문제), ㄴ은 설정형 문제(미래 문제), ㄷ은 발생형 문제(보이는 문제)이다.

06 다음 중 문제해결에서 가장 중요한 것은?

① 문제를 해결하려는 실천적 의지
② 문제의 객관적 파악
③ 발생하는 문제의 인식
④ 문제의 공통성과 일관성 파악
⑤ 문제와 관련된 지식 습득

정답 | ①
해설 | 업무를 추진하는 동안에 문제를 인식한다 하더라도 문제를 해결하려는 의지가 없다면 문제를 인식하고 정확히 파악한 과정의 의미가 없다.

07 다음 중 〈보기〉의 ⑦~ⓒ에 해당하는 문제의 유형이 바르게 연결된 것은?

> **보기**
>
> ⑦ 앞으로 어떻게 할 것인가 하는 문제
> ⓒ 현재 직면하여 해결하기 위해 고민하는 문제
> ⓒ 현재의 상황을 개선하거나 효율을 높이기 위한 문제

	⑦	ⓒ	ⓒ
①	설정형 문제	발생형 문제	탐색형 문제
②	발생형 문제	탐색형 문제	설정형 문제
③	설정형 문제	탐색형 문제	발생형 문제
④	발생형 문제	설정형 문제	탐색형 문제
⑤	탐색형 문제	발생형 문제	설정형 문제

정답 | ①
해설 | ⑦ 설정형 문제(미래 문제) : 앞으로 어떻게 할 것인가 하는 문제
ⓒ 발생형 문제(보이는 문제) : 현재 직면하여 해결하기 위해 고민하는 문제
ⓒ 탐색형 문제(찾는 문제) : 현재의 상황을 개선하거나 효율을 높이기 위한 문제

08 다음 중 문제해결의 장애 요인으로 볼 수 없는 것은?

① 문제를 철저하게 분석하지 않는 것
② 발상의 전환을 시도하는 것
③ 너무 많은 정보를 수집하려고 노력하는 것
④ 쉽게 떠오르는 단순한 정보에 의지하는 것
⑤ 고정관념에 얽매이는 것

정답 | ②
해설 | 발상의 전환은 문제해결에 필요한 기본적 사고이다.

09 다음 사례에서 부족한 문제 해결 사고는?

> A회사는 국제 금융 위기를 맞아 기업의 위기 상황에 처해 있다. 이러한 상황을 타개하기 위해서 중국에 있는 시장을 철수해서 비용을 절감하려고 하였다. 그러나 A회사가 중국에서 철수한 후 A회사의 제품이 중국에서 인기를 끌게 되었고, 결국 A회사는 비용을 절감한 게 아니라 수익을 버린 결과를 초래하게 되었다.

① 전략적 사고
② 분석적 사고
③ 발상의 전환
④ 내 · 외부자원의 활용
⑤ 퍼실리테이션

정답 | ①

해설 | A회사는 현재 당면한 문제에만 집착한 나머지 전체적인 틀에서 문제 상황을 해결하지 못하였으므로 전략적 사고가 부족하다.

오답 분석

② 분석적 사고는 전체를 각각의 요소로 나누어 그 요소의 의미를 도출한 다음 우선순위를 부여하고 구체적인 문제 해결 방법을 실행하는 것이다.

③ 발상의 전환은 기존에 가지고 있는 사물과 세상을 바라보는 인식의 틀을 전환하여 새로운 관점에서 바로 보는 사고이다.

④ 내 · 외부자원의 활용은 문제해결 시 자원을 효과적으로 활용하기 위한 기술, 재료, 방법, 사람 등 필요한 내 · 외부자원의 자원확보 계획을 수립하는 것이다.

⑤ 퍼실리테이션(facilitation)이란 '촉진'을 의미하며, 어떤 그룹이나 집단이 의사결정을 잘하도록 도와주는 일을 의미한다. 최근 많은 조직에서는 보다 생산적인 결과를 가져올 수 있도록 그룹이 어떤 방향으로 나아갈지 알려주고, 주제에 대한 공감을 이룰 수 있도록 능숙하게 도와주는 퍼실리테이터를 활용하고 있다.

10 다음 중 〈보기〉의 ㉠~㉢에 해당하는 것을 바르게 짝지은 것은?

> **보기**
>
> ㉠ 현상 및 원인 분석 전에 지식과 경험을 바탕으로 일의 과정이나 결과, 결론을 가정한 다음 검증 후 사실일 경우 다음 단계의 일을 수행한다.
> ㉡ 일상 업무에서 일어나는 상식, 편견을 타파하여 객관적 사실로부터 사고와 행동을 출발한다.
> ㉢ 기대하는 결과를 명시하고 효과적으로 달성하는 방법을 사전에 구상하고 실행에 옮긴다.

	㉠	㉡	㉢
①	성과 지향의 문제	가설 지향의 문제	사실 지향의 문제
②	성과 지향의 문제	사실 지향의 문제	가설 지향의 문제
③	가설 지향의 문제	사실 지향의 문제	성과 지향의 문제
④	사실 지향의 문제	성과 지향의 문제	가설 지향의 문제
⑤	사실 지향의 문제	가설 지향의 문제	성과 지향의 문제

정답 | ③

해설 | ㉠은 가설 지향의 문제, ㉡은 사실 지향의 문제, ㉢은 성과 지향의 문제이다.

SECTION 01 | 모듈 이론

1. 창의적 사고

(1) 의미

    ① 발산적(확산적) 사고로서 아이디어가 많고, 다양하고, 독특한 것

    ② 새롭고 유용한 아이디어를 생산해 내는 정신적인 과정

    ③ 통상적인 것이 아니라 기발하거나 신기하며 독창적인 것

    ④ 유용하고 적절하며 가치가 있어야 함

    ⑤ 기존의 정보(지식, 상상, 개념 등)를 특정한 요구조건에 맞거나 유용하도록 새롭게 조합시킨 것

(2) 특징

    ① 정보와 정보의 조합

    ② 사회나 개인에게 새로운 가치를 창출함

    ③ 교육훈련을 통해 개발될 수 있는 능력

(3) 개발 방법

개발 방법	내용	대표 방법
자유 연상법	어떤 생각에서 다른 생각을 계속해서 떠올리는 작용을 통해 어떤 주제에서 생각나는 것을 계속해서 열거해 나가는 발산적 사고	브레인스토밍 : 발산적 사고를 일으키는 대표적 기법으로 집단의 효과를 살려서 아이디어의 연쇄반응을 일으켜 자유분방한 아이디어를 내는 것
강제 연상법	각종 힌트에서 강제적으로 연결 지어 발상하는 방법	체크리스트 : 개선점을 구하기 위하여 모든 질문을 설정하고 하나씩 점검하면서 아이디어를 내는 발상법
비교 발상법	주제와 본질적으로 닮은 것을 힌트로 하여 새로운 아이디어를 얻는 방법	• NM법 : 주제와 본질적으로 닮은 것을 힌트로 하여 새로운 아이디어를 얻는 방법 • Synectics법 : 문제를 다른 관점에서 접근함으로써 연상되는 것들과의 관련성을 찾는 발상

Tip

창의적 사고의 개발방법 요약

개발방법	내용	대표방법
자유연상법	생각나는 대로 자유롭게 발상	브레인스토밍
강제연상법	각종 힌트에 강제적으로 연결 지어서 발상	체크리스트
비교발상법	주제의 본질과 닮은 것을 힌트로 발상	NM법, Synectics법

2. 논리적 사고

(1) 개념

① 사고의 전개에서 전후 관계가 일치하는지 살피고, 아이디어를 평가하는 능력

② 다른 사람을 공감시켜 움직일 수 있게 하고, 짧은 시간에 헤매지 않고 사고할 수 있으며, 행동을 하기 전 생각할 수 있게 하여 설득을 쉽게 할 수 있게 함

(2) 구성 요소

① 생각하는 습관

② 상대 논리의 구조화

③ 구체적인 생각

④ 타인에 대한 이해

⑤ 설득

(3) 개발 방법

① 피라미드 구조화 방법 : 보조 메시지들을 통해 주요 메인 메시지를 얻고, 다시 메인 메시지를 종합한 최종적인 정보를 도출해 내는 방법

② So What 방법 : 눈앞에 있는 정보로부터 의미를 찾아내어, 가치 있는 정보를 이끌어 내는 사고 방법

3. 비판적 사고

(1) 의미

① 어떤 주제나 주장 등에 대해서 적극적으로 분석하고 종합하며 평가하는 능동적인 사고

② 어떤 논증, 추론, 증거, 가치를 표현한 사례를 타당한 것으로 수용할 것인가 아니면 불합리한 것으로 거절할 것인가에 대한 결정을 내릴 때 요구되는 사고

(2) 비판적 사고를 위한 태도

① 문제의식 함양

② 고정관념 타파

PART 02

(3) 개발 방법

지적 호기심	다양한 문제의 해답을 탐색하고 사건의 원인을 설명하기 위한 질문 제기
객관성 타당한	논증을 근거로 결론에 도달
개방성 다양한	신념이 진실일 수 있음을 받아들임
융통성	독단적 태도나 경직성을 배격하고, 개인의 신념 및 탐구방법 변경 가능
지적 회의성	적절한 결론이 제시되기까지 거짓 가능성을 열어 둠
지적 정직성	진술이 바라는 신념과 대치되더라도 충분한 증거가 있다면 받아들임
체계성	결론에 이르기까지 논리적 일관성을 유지
지속성	쟁점의 해답을 얻을 때까지 끈질기게 탐색
결단성	증거가 타당할 경우 결론을 맺음
다른 관점 존중	타인의 관점을 경청하고 들은 것에 대하여 정확히 반응함

01 다음 중 각종 힌트에 강제적으로 연결 지어서 발상하는 창의적 사고 개발 방법에 해당하는 것은?

① 브레인스토밍   ② NM법

③ 체크리스트   ④ Synectics법

⑤ 피라미드 구조화 방법

정답 | ③

해설 | 창의적 사고 개발 방법 중 각종 힌트에 강제적으로 연결 지어서 발상하는 방법은 강제연상법이며, 체크리스트가 이에 해당한다.

>
> • 자유연상법 : 생각나는 대로 자유롭게 발상
>   📌 브레인스토밍
> • 비교발상법 : 주제의 본질과 닮은 것을 힌트로 발상
>   📌 NM법, Synectics법

02 다음 중 논리적 사고의 구성 요소가 아닌 것은?

① 타인에 대한 이해   ② 개괄적인 검토

③ 상대 논리의 구조화   ④ 설득

⑤ 생각하는 습관

정답 | ②

해설 | 논리적 사고의 요소는 생각하는 습관, 상대 논리의 구조화, 구체적인 생각, 타인에 대한 이해, 설득의 5가지가 있다.

03 다음 중 창의적 사고의 개념으로 옳지 않은 것은?

① 새롭고 유용한 아이디어를 생산해 내는 정신적인 과정

② 발산적 사고로서 아이디어가 많고 다양한 것

③ 가치가 있지 않아도 유용한 것

④ 기존의 정보들을 특정한 요구조건에 맞게 새롭게 조합시킨 것

⑤ 통상적인 것이 아니라 기발하거나 신기하며 독창적인 것

정답 | ③

해설 | 창의적 사고란 유용하고 적절하며 가치가 있어야 한다.

04 다음 〈보기〉에서 설명하는 기법은?

> 보기
>
> 미국의 알렉스 오즈번이 고안한 그룹 발산 기법으로, 창의적인 사고를 위한 발산 방법 중 가장 널리 사용되는 방법이며, 집단의 효과를 살려서 아이디어의 연쇄반응을 일으켜 자유분방한 아이디어를 내고자 하는 기법이다.

① 마인드 맵   ② 체크리스트법
③ So what 기법   ④ 브레인스토밍
⑤ NM법

정답 | ④
해설 | 〈보기〉의 내용은 브레인스토밍에 대한 설명이다.

05 다음 사례에 대한 설명으로 적절하지 않은 것은?

> M방송국은 최근 새로운 TV프로그램을 출시하기 위하여 A팀과 B팀이 각각 콘텐츠 개발 아이디어를 제출하도록 지시했다. 두 팀은 의욕적으로 아이디어 개발 회의를 하게 되었다.
> A팀에서는 "요즘 인기 있는 아이돌이 주인공으로 나오는 프로그램이 좋겠습니다.", "가족이 모두 볼 수 있는 시간대인 만큼 아빠와 아이가 함께 여행을 간다는 주제의 프로그램을 어떨까요", "일반인이 나와 말 못할 고민을 털어놓는 프로그램이 좋을 것 같습니다." 등 많은 아이디어가 제시되었다. 그러나 회의가 끝날 때까지 아이디어가 하나로 정리되지 않아서 결론을 내릴 수 없었다.
> 반면 창의력 개발 과정 교육에 참여했던 B팀에서는 다양한 아이디어 개발 방법을 사용하여 회의를 진행하였다. 그들은 우선 생각나는 대로 자유롭게 아이디어를 제시하게 하고, 아이디어를 종합한 후 관련성이 있는 아이디어들끼리 묶어 가는 과정을 통해서 새 프로그램의 방향, 출연진, 홍보 등에 대한 결론을 내릴 수 있었다.

① A와 B 두 팀은 모두 발산적 사고법에 따른 아이디어와 결론 도출 과정을 보여주고 있다.
② 사례에서 A팀과 B팀 모두 창의적 사고를 통해 새로운 아이디어를 도출하고 있다.
③ A팀은 단지 아이디어를 제시하는 상황에 그친 반면, B팀은 아이디어를 종합·정리하는 과정을 통해 회사가 요구하는 결과물을 제시하고 있다.
④ A팀과 B팀이 차이가 나는 것은 창의적 사고를 개발하기 위한 구체적인 방법을 실제로 적용하느냐, 그렇지 못하느냐의 차이이다.
⑤ A팀과 B팀 모두 자유롭게 아이디어를 도출하고 있다.

정답 | ①
해설 | A팀은 아이디어만 도출했을 뿐 결론에 이르지는 못했다.

06 다음 중 비판적 사고에 대한 설명으로 옳지 않은 것은?

① 비판적 사고의 주요 목적은 어떤 주장의 단점을 파악하려는 데 있다.

② 비판적 사고를 하려면 우리의 감정을 철저히 배제해야 한다.

③ 비판적 사고는 부정적으로 생각하는 것이 아니라 지식과 정보에 바탕을 둔 합당한 근거에 기초를 두고 하는 것이다.

④ 비판적으로 사고하는 것은 어떤 주제나 주장에 대해서 적극적으로 분석하는 것이다.

⑤ 비판적 사고를 위한 태도로는 문제의식의 함양과 고정관념의 타파가 있다.

정답 | ①

해설 | 비판적 사고의 목적은 단순히 그 주장의 단점을 찾아내는 것이 아니라, 종합적인 분석과 검토를 통해서 그 주장이 타당한지 그렇지 않은지를 밝혀내는 것이다.

07 기획팀에서 근무하고 있는 귀하는 팀장으로부터 최근 입사한 신입사원들을 대상으로 문제해결을 위한 '비판적 사고'를 교육하라고 지시받았다. 비판적 사고에 대한 자료를 정리하고 있는데, 옆에서 지켜보던 김 대리가 "이건 잘못된 거야."라고 지적한다. 다음 중 김 대리가 지적한 내용으로 적절한 것은?

① 문제해결을 위해 어떤 주장이 타당성을 갖추었는가를 관련 요소를 기준으로 분석하고 평가하는 바람직한 사고이다.

② 상대방을 모욕하거나 굴복시키기 위해 동의하지 않는 것과 다르다.

③ 논리적 사고를 하다 보면 자연스럽게 후속으로 비판적 사고로 이어진다.

④ 어떤 특정 주제나 주장 등을 부정적으로 보는 것이 아니라 적극적인 분석과 종합을 통해서 타당한지를 판단하는 것이다.

⑤ 비판적 사고를 위해서는 고정관념을 타파하는 태도를 가져야 한다.

정답 | ③

해설 | 논리적 사고가 비판적 사고로 필연적으로 이어지는 것은 아니다.

08 창의적 사고의 개발 방법 중 문제를 다른 관점에서 접근함으로써 연상되는 것들과의 관련성을 찾는 발상법은?

① 브레인스토밍   ② Synectics법
③ NM법   ④ 체크리스트
⑤ 피라미드 구조화 방법

정답 | ②
해설 | Synectics법은 문제를 다른 관점에서 접근함으로써 연상되는 것들과의 관련성을 찾는 발상법이다.

[오답 분석]
① 브레인스토밍 : 발산적 사고를 일으키는 대표적 기법으로 집단의 효과를 살려서 아이디어의 연쇄반응을 일으켜 자유분방한 아이디어를 내는 방법
③ NM법 : 주제와 본질적으로 닮은 것을 힌트로 하여 새로운 아이디어를 얻는 방법
④ 체크리스트 : 개선점을 구하기 위해 모든 질문을 설정하고 하나씩 점검하면서 아이디어를 내는 발상법
⑤ 피라미드 구조화 방법 : 논리적 사고의 개발 방법 중 보조 메시지들을 통해 주요 메인 메시지를 얻고, 다시 메인 메시지를 종합한 최종적인 정보를 도출해 내는 방법

09 다음 중 브레인스토밍의 진행 방법에 대한 설명으로 옳지 않은 것은?

① 구성원의 얼굴을 볼 수 있도록 좌석을 배치하고 큰 용지를 준비한다.
② 구성원은 다양한 분야의 사람들로 5~8명 정도로 구성한다.
③ 구성원들의 다양한 의견을 도출할 수 있는 사람을 리더로 선출한다.
④ 발언하는 내용 중 가장 유익하고 좋은 내용만 선별하여 기록한다.
⑤ 제시된 의견에 대해 비판하지 않는다.

정답 | ④
해설 | 브레인스토밍을 진행할 때에는 구성원 모두가 자유롭게 발언할 수 있도록 해야 하며, 발언하는 모든 내용을 요약하여 잘 기록함으로써 구조화할 수 있어야 한다.

10 다음 사례를 통해 귀하가 A대리에게 해줄 수 있는 조언으로 잘못된 것은?

> A대리는 오늘도 기분이 별로이다. 팀장에게 오전부터 싫은 소리를 들었기 때문이다. 늘 하던 일을 늘 하던 방식으로 처리한 것이 빌미였다. "관행에 매몰되지 말고 창의적이고 발전적인 모습을 보여 달라."라는 것이 팀장의 주문이었다. '창의적인 일처리'라는 말을 들을 때마다 주눅이 드는 자신을 발견할 때면 더욱 의기소침해지고 자신감이 없어진다. 어떻게 해야 창의적인 인재가 될 수 있을까 고민도 해 보지만 뾰족한 수가 보이지 않는다. 자기만 뒤처지는 것 같아 불안하기도 하고 남들은 어떤지 궁금하기도 하다.

① 창의적인 사람은 새로운 경험을 찾아 나서는 사람을 말하는 것 같아.
② 창의적인 사람들의 독특하고 기발한 재능은 선천적으로 타고나는 것이라 할 수 있어.
③ 창의적인 사고는 후천적 노력에 의해서도 개발이 가능하다고 생각해.
④ 창의력은 본인 스스로 자신의 틀에서 벗어나도록 노력해야 한다고 생각해.
⑤ 다양한 경험을 통해 창의력을 키울 수 있어.

정답 | ②
해설 | 창의력은 유전적으로 타고 나는 것이 아니다. 1950~60년대까지만 하더라도 창의력은 아인슈타인이나 레오나르도 다빈치 등의 탁월한 업적을 이룬 인물에게만 선천적으로 타고나는 것이라고 생각하는 것이 일반적이었다. 하지만 오늘날 브레인스토밍, 장점열거법 등 창의성 개발과 관련한 여러 가지 기법이 개발되면서 창의력은 인간 누구나 가지고 있으며, 어떻게 개발하느냐에 따라 발전할 수 있다는 인식이 생겨났다. 따라서 A대리에게 '창의적인 사람들의 독특하고 기발한 재능은 선천적으로 타고 나는 것이라 할 수 있어.'와 같은 조언은 옳지 않다.

CHAPTER 03 문제처리능력

SECTION 01 | 모듈 이론

1. 문제처리능력

① **의미** : 다양한 상황에서 발생한 문제의 원인 및 특성을 파악한 뒤 적절한 해결안을 선택, 적용하고 그 결과를 평가하여 피드백하는 능력

② **절차**

> 문제 인식 → 문제 도출 → 원인 분석 → 해결안 개발 → 실행 및 평가

2. 문제 인식

(1) 의미와 절차

① **의미** : 해결해야 할 전체 문제를 파악하여 우선순위를 정하고, 선정 문제에 대한 목표를 명확히 하는 절차를 거침

② **절차**

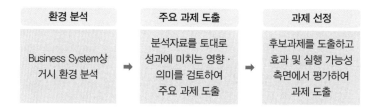

(2) 환경 분석

① 3C 분석 : 시장 환경을 구성하는 자사, 경쟁사, 고객 3요소를 분석

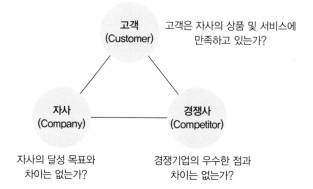

② SWOT 분석 : 기업 내부의 강점, 약점과 외부 환경의 기회, 위협 요인을 분석하고 전략과 문제해결 방안을 개발

<table>
<tr><td colspan="2" rowspan="2"></td><td colspan="2" align="center">내부 환경 요인</td></tr>
<tr><td align="center">강점
(Strengths)</td><td align="center">약점
(Weaknesses)</td></tr>
<tr><td rowspan="2" align="center">외
부
환
경
요
인</td><td align="center">기회
(Opportunities)</td><td align="center">SO
내부 강점과 외부 기회
요인을 극대화</td><td align="center">WO
외부 기회를 이용하여
내부 약점을 강점으로 전환</td></tr>
<tr><td align="center">위협
(Threats)</td><td align="center">ST
외부 위협을 최소화하기 위해
내부 강점을 극대화</td><td align="center">WT
내부 약점과
외부 위협을 최소화</td></tr>
</table>

㉠ SWOT 분석 방법

외부 환경 요인 분석 (Opportunities, Threats)	• 자신을 제외한 모든 정보를 기술 : 좋은 쪽으로 작용하는 것은 기회, 나쁜 쪽으로 작용하는 것은 위협 • 언론매체, 개인 정보망 등을 통하여 입수한 상식적인 세상의 변화 내용을 시작으로 당사자에게 미치는 영향을 순서대로 정리하고 점차 구체화함 • 인과관계가 있는 경우 화살표로 연결 • 동일한 자료라도 자신에게 긍정적으로 전개되면 기회로, 부정적으로 전개되면 위협으로 구분 • SCEPTIC 체크리스트를 활용하면 편리함 : Social(사회), Competition(경쟁), Economic(경제), Politic(정치), Technology(기술), Information(정보), Client(고객)
내부 환경 요인 분석 (Strength, Weakness)	• 경쟁자와 비교하여 나의 강점과 약점을 분석 • 강점과 약점의 내용 : 보유하거나 동원 가능하거나 활용 가능한 자원(resources) • MMMTI 체크리스트를 활용할 수도 있지만 이를 반드시 적용해서 분석할 필요는 없음 : Man(사람), Material(물자), Money(돈), Information(정보), Time(시간), Image(이미지)

㉡ SWOT 전략 수립 방법
  • SO 전략 : 외부 환경의 기회를 활용하기 위해 강점을 사용하는 전략 선택
  • ST 전략 : 외부 환경의 위협을 회피하기 위해 강점을 사용하는 전략 선택
  • WO 전략 : 자신의 약점을 극복함으로써 외부 환경의 기회를 활용하는 전략 선택
  • WT 전략 : 외부 환경의 위협을 회피하고 자신의 약점을 최소화하는 전략 선택

(3) 주요 과제 도출
① 분석 결과 검토 후 주요 과제 도출을 위한 과제안을 작성함
② 과제안 작성 시 과제안 간의 동일한 수준, 표현의 구체성, 기간 내 해결 가능성 등을 확인해야 함

(4) 과제 선정
① 과제안 중 효과 및 실행 가능성 측면을 평가하여 가장 우선순위가 높은 안을 선정
② 우선순위 평가 시에는 과제의 목적, 목표, 지원현황 등을 종합적으로 고려하여 평가해야 함

③ 과제안에 대한 평가 기준

과제 해결의 중요성	• 매출/이익 기여도 • 지속성/파급성 • 고객만족도 향상 • 경쟁사와의 차별화 • 자사의 내부적 문제 해결
과제 착수의 긴급성	• 달성의 긴급도 • 달성에 필요한 시간
과제 해결의 용이성	• 실시상의 난이도 • 필요자원의 적정성

3. 문제 도출

(1) 의미와 절차

① 의미

㉠ 선정된 문제를 분석하여 해결해야 할 것이 무엇인지를 명확히 하는 단계

㉡ 현상에 대하여 문제를 분해하여 인과관계 및 구조를 파악하는 단계

② 절차

문제 구조 파악	핵심 문제 선정
문제를 작고, 다룰 수 있는 이슈들로 세분화 ➡	문제에 영향력이 큰 이슈를 핵심 이슈로 선정

(2) 문제 구조 파악

① 전체 문제를 개별화된 세부 문제로 재구성하는 과정

② 문제의 내용 및 부정적인 영향 등을 파악하여 문제의 구조를 도출

③ 문제가 발생한 배경이나 문제를 일으키는 원인을 분명히 하는 것이 가장 중요

④ 로직트리(Logic Tree)

㉠ 문제의 원인을 깊이 파고들거나 해결책을 구체화할 때 제한된 시간 속에 문제의 넓이와 깊이를 추구하는 데 도움이 되는 기술

㉡ 주요 과제를 나무모양으로 분해, 정리하는 기술

㉢ 주의사항

• 전체 과제를 명확히 해야 함

• 분해해 가는 가지의 수준을 맞춰야 함

• 원인이 중복되거나 누락되지 않고 각각의 합이 전체를 포함해야 함

(3) 핵심 문제 선정

문제에 영향력이 큰 이슈를 핵심 이슈로 선정

4. 원인 분석

(1) 의미와 절차

① **의미** : 파악된 핵심 문제에 대한 분석을 통해 근본 원인을 도출하는 단계

② **절차**

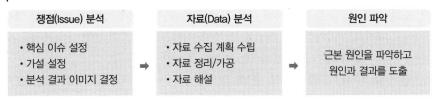

(2) 쟁점(Issue) 분석

① **핵심 이슈 설정**

    ㉠ 현재 수행하고 있는 업무에 가장 크게 영향을 미치는 문제로 선정

    ㉡ 사내외 고객 인터뷰 및 설문조사, 관련 자료 등을 활용하여 본질적인 문제점을 파악

② **가설 설정**

    ㉠ 자신의 직관, 경험, 지식, 정보 등에 의존하여 쟁점에 대한 일시적인 결론을 예측해보는 가설을 설정

    ㉡ 관련자료, 인터뷰 등을 통해 검증할 수 있어야 함

    ㉢ 간단명료하게 표현하고 논리적이며 객관적이어야 함

③ **분석 결과 이미지 결정** : 가설 검증계획에 의거하여 분석 결과를 미리 이미지화함

(3) 데이터(Data) 분석

① 데이터 수집계획 수립 → 데이터 수집 → 데이터 분석의 절차를 거쳐 수행

② 데이터를 수집할 때는 목적에 따라 수집 범위를 정하고, 전체 자료의 일부인 표본을 추출하는 전통적인 통계학적 접근과 전체 데이터를 활용한 빅데이터 분석을 구분하며, 객관적인 사실을 수집하여 자료의 출처를 명확히 밝힐 수 있어야 함

③ 데이터 수집 후에는 목적에 따라 수집된 정보를 항목별로 분류 정리한 후 "무엇을", "어떻게", "왜"라는 것을 고려해서 데이터 분석을 실시하고, 의미를 해석해야 함

(4) 원인 파악

① 이슈와 데이터 분석을 통해 얻은 결과를 바탕으로 최종 원인을 확인하는 단계

② **원인의 패턴**

    ㉠ 단순한 인과관계 : 원인과 결과를 분명하게 구분할 수 있는 경우

    ㉡ 닭과 계란의 인과관계 : 원인과 결과를 구분하기 어려운 경우

    ㉢ 복잡한 인과관계 : 단순한 인과관계와 닭과 계란의 인과관계 두 가지 유형이 복잡하게 서로 얽혀 있는 경우

5. 해결안 개발

① **의미** : 문제로부터 도출된 근본 원인을 효과적으로 해결할 수 있는 최적의 해결방안을 수립하는 단계
② **절차** : 해결안 도출 → 해결안 평가 및 최적안 선정
③ **해결안 도출** : 해결안 도출은 열거된 근본 원인을 어떠한 시각과 방법으로 제거할 것인지에 대한 독창적이고 혁신적인 아이디어를 도출하고, 이를 바탕으로 유사한 방법이나 목적을 갖는 내용의 군집화를 거쳐 최종 해결안으로 정리하는 과정으로 이어짐
④ **해결안 평가 및 최적안 선정** : 문제, 원인, 방법을 고려해서 해결안을 종합적으로 평가하고 가장 효과적인 해결안을 선정

6. 실행 및 평가

(1) 의미와 절차

① **의미** : 해결안 개발을 통해 실행 계획을 실제 상황에 적용하는 활동
② **절차**

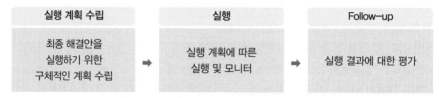

(2) 실행 계획 수립

① 무엇을(what), 어떤 목적으로(why), 언제(when), 어디서(where), 누가(who), 어떤 방법으로 (how)의 물음에 대한 답을 가지고 계획하는 단계
② 자원(인적, 물적, 예산, 시간)을 고려하여 수립해야 함

(3) 실행 및 Follow-up(사후 관리)

① 사전 조사를 통해 문제점을 발견하고, 해결안을 보안한 후 대상 범위를 넓혀서 전면적으로 실시해야 함
② **고려사항**
ㄱ 바람직한 상태가 달성되었는가?
ㄴ 문제가 재발하지 않을 것을 확신할 수 있는가?
ㄷ 사전에 목표한 기간 및 비용은 계획대로 지켜졌는가?
ㄹ 혹시 또 다른 문제를 발생시키지 않았는가?
ㅁ 해결책이 주는 영향은 무엇인가?

01 원인 분석 과정 중 Data 분석에 관한 설명으로 옳지 않은 것은?

① 목적에 따라 데이터 수집 범위를 정한다.

② 데이터 수집 후에는 목적에 따라 분류한 후 수집된 정보를 항목별로 데이터 분석을 실시한다.

③ 자료의 출처를 명확히 밝힌다.

④ 원천 데이터에서 특정 주제에 대한 의견이나 평가 등과 같은 주관적 정보를 추출한다.

⑤ 데이터를 수집할 때는 목적에 따라 수집 범위를 정해야 한다.

정답 | ④

해설 | 데이터 수집 시에는 객관적인 사실을 수집해야 한다.

02 다음 주어진 3C 분석 결과를 토대로 회사가 향후 해결해야 할 전략 과제로 적절하지 않은 것은?

구분	상황 분석
고객/시장 (Customer)	• 아시아를 중심으로 연 8% 성장 • IT 관련 사업 연 20% 성장 • 고객 니즈 맞춤형 프로젝트 증가 • 시스템화 지향
경쟁 회사 (Competitor)	• 1위(미국 A기업), 2위(유럽 E기업) • 압도적인 시스템화 능력 보유 • 전문 메이커와 치열한 가격 경쟁
자사 (Company)	• 국내 시장 점유율 1위, 세계 2위 • 강력한 국내 판매 대리점망 보유 • 해외 판매망 취약 • 높은 생산 원가(간접비) • 높은 기술 개발력

① 제품 기술력 강화

② 간접비 삭감을 바탕으로 한 가격 경쟁력 강화

③ 시스템화 능력의 강화

④ 고객 맞춤형 전략 강화

⑤ 해외 판매망 강화

정답 | ①

해설 | 자사는 이미 높은 기술력을 갖추고 있기 때문에 향후 해결해야 할 문제로 보기에 적절하지 않다.

03 다음 중 원인 분석의 절차를 바르게 나열한 것은?

① 원인 파악 → Issue 분석 → Data 분석
② Issue 분석 → Data 분석 → 원인 파악
③ Issue 분석 → 원인 파악 → Data 분석
④ Data 분석 → Issue 분석 → 원인 파악
⑤ Data 분석 → 원인 파악 → Issue 분석

정답 | ②
해설 | 원인 분석은 Issue 분석 → Data 분석 → 원인 파악의 절차로 진행된다.

04 문제 해결 과정 중 사후 관리 단계에서 고려해야 할 사항으로 적절하지 않은 것은?

① 바람직한 상태가 달성되었는가?
② 해결안별 세부 실행내용은 구체적으로 수립되었는가?
③ 문제가 재발하지 않을 것을 확신할 수 있는가?
④ 혹시 또 다른 문제를 발생시키지 않았는가?
⑤ 사전에 목표한 기간 및 비용은 계획대로 지켜졌는가?

정답 | ②
해설 | ②는 실행 계획을 수립할 때 고려해야 되는 사항으로 실행 계획 수립은 '무엇을(what), 어떤 목적으로(why), 언제(when), 어디서(where), 누가(who), 어떤 방법으로(how)'의 물음에 대한 답을 가지고 계획하는 단계이다. 따라서 실행 계획 수립 시에는 세부 실행 내용의 난이도를 고려하여 가급적 구체적으로 세워야 한다.

06 다음 글의 빈칸에 들어갈 말로 가장 적절한 것은?

> 형사가 피의자에게 "또다시 이런 죄를 지을 것인가"라고 묻는 경우가 있다. 하지만 이 질문은 '예'나 '아니오'의 어떤 답을 하더라도 피의자에게는 불리해지게 된다. '예'라고 대답하면 말할 것도 없고, '아니오'라고 답해도 이미 죄를 지었다는 것을 인정해 버리는 셈이기 때문이다. 이런 공격에서 자신을 방어하려면 (   )이/가 생겼음을 지적하고, '죄를 지었는가'란 질문과 '또 이런 죄를 지을 것인가'란 질문을 반드시 분리해야 한다고 주장해야 한다.

① 성급한 일반화의 오류   ② 복합 질문의 오류
③ 결합 · 분할의 오류   ④ 허수아비 공격의 오류
⑤ 피장파장의 오류

정답 | ②
해설 | 복합 질문의 오류는 두 가지 이상의 질문이 동시에 제시되면서 하나의 대답을 요구할 때 발생하는 오류이다. 둘 이상의 개별적인 질문으로 나누어서 질문해야 할 것을, 하나의 질문 안에 둘 이상의 판단 요소를 포함시켜 질문함으로써 그 대답에 관계없이 자기에게 유리하게 해석하는 오류이다.

07 아래 자료는 문제 해결 유형을 나타내는 간단한 도표이다. 귀하의 동료인 P대리의 문제 해결 유형이 업무 중심적이고 과정을 중시하는 쪽으로 지나치게 치우쳤을 때, 다음 중 귀하가 P대리에게 해 줄 조언으로 가장 적절한 것은?

업무 중심(감정 억제)

질문하는 언행 (과정 중시)	분석형	주도형	답변하는 언행 (결과 중시)
	우호형	표현형	

인간 중심(감정 표현)

① 반대 의견은 언제나 분명하고 명확하게 말하라고 한다.
② 상대를 개인으로서 칭찬하는 습관을 가지라고 한다.
③ 지나치게 대화의 내용에 몰두하지 않는다.
④ 주변 사람에게 리더십을 발휘할 기회를 제공하라고 한다.
⑤ 주변 사람의 의견을 받아들이라고 한다.

정답 | ②

해설 | P대리는 업무 중심적이고 과정을 중시하는 쪽으로 치우쳤다고 하였으므로, 분석형이라고 볼 수 있다. 분석형에 관련된 조언은 ②이다.

오답 분석

① 우호형에 적합한 조언이다.
③ 표현형에 적합한 조언이다.
④, ⑤ 주도형에 적합한 조언이다.

08 다음 중 사업 환경을 구성하고 있는 자사, 경쟁사, 고객에 대한 분석방법은?

① SWOT 분석   ② 3C 분석
③ 목표 분석   ④ 심층면접 분석
⑤ 체크리스트 분석

정답 | ②

해설 | 3C 분석에서 3C는 고객(Customer), 자사(Company), 경쟁사(Competitor)를 의미한다. 사업 환경을 구성하고 있는 고객, 자사, 경쟁사에 대한 체계적인 분석을 통해 환경을 분석하는 방법이다.

09 다음 〈보기〉에서 설명하는 문제 해결의 단계는?

> **보기**
>
> 해결안 개발을 통해 만들어진 실행 계획을 실제 상황에 적용하는 활동으로 당초 장애가 되는 문제의 원인들을 해결안을 사용하여 제거하는 단계

① 문제 도출   ② 원인 분석
③ 실행 및 평가   ④ 해결안 개발
⑤ 문제 인식

정답 | ③
해설 | **문제해결의 단계**
- 문제 인식 : 해결해야 할 전체 문제를 파악하여 우선순위를 정하고, 선정 문제에 대한 목표를 명확히 하는 단계
- 문제 도출 : 선정된 문제를 분석하여 해결해야 할 것이 무엇인지를 명확히 하는 단계
- 원인 분석 : 파악된 핵심 문제에 대한 분석을 통해 근본 원인을 도출하는 단계
- 해결안 개발 : 문제로부터 도출된 근본 원인을 효과적으로 해결할 수 있는 최적의 해결방안을 수립하는 단계
- 실행 및 평가 : 해결안 개발을 통해 만들어진 실행 계획을 실제 상황에 적용하는 활동으로 당초 장애가 되는 문제의 원인들을 해결안을 사용하여 제거하는 단계

10 다음 〈보기〉 중 SWOT 전략에 대한 설명으로 옳은 것을 모두 고르면?

> **보기**
>
> ㄱ. SO 전략 : 시장의 기회를 활용하기 위해 약점을 사용하는 전략
> ㄴ. ST 전략 : 시장의 위협을 활용하기 위해 강점을 사용하는 전략
> ㄷ. WO 전략 : 약점을 극복함으로써 시장의 기회를 활용하는 전략
> ㄹ. WT 전략 : 시장의 위협을 회피하고 약점을 최소화하는 전략

① ㄱ   ② ㄱ, ㄴ
③ ㄴ, ㄷ   ④ ㄴ, ㄹ
⑤ ㄷ, ㄹ

정답 | ⑤
해설 | **SWOT 전략**
- SO 전략(강점-기회 전략) : 시장의 기회를 활용하기 위해 강점을 사용하는 전략
- ST 전략(강점-위협 전략) : 시장의 위협을 회피하기 위해 강점을 사용하는 전략
- WO 전략(약점-기회 전략) : 약점을 극복함으로써 시장의 기회를 활용하는 전략
- WT 전략(약점-위협 전략) : 시장의 위협을 회피하고 약점을 최소화하는 전략

유형별 학습

CHAPTER 01 명제

SECTION 01 핵심 이론

1. 유형 파악하기

① 문제가 복잡하지 않아 난도가 낮은 문제

② 기본적으로는 내용을 기호나 약어로 바꿔 도식화하여 풀이하고, 삼단논법 문제는 벤다이어그램을 활용하여 풀이하는 것을 추천

2. 문제 접근하기

① **명제 문제**

　㉠ 기본적으로 내용을 기호나 약어로 바꿔 도식화함

　㉡ 이때 대우 명제까지 함께 작성하여 흐름을 정리

② **삼단논법 문제**

　㉠ 기본적으로 핵심 요소가 각각 2번씩 포함되며, 전제에 '어떤'이 포함되면 결론도 '어떤'으로 끝남

　㉡ 벤다이어그램을 활용하면 답 찾기에 용이

3. 필수 암기 이론

(1) 역, 이, 대우

① 명제 $p \to q$에 대하여 다음과 같은 관계가 성립

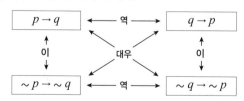

② **역, 이, 대우의 성질**

　㉠ 명제 $p \to q$가 참이면 그 대우 $\sim q \to \sim p$도 반드시 참

　㉡ 명제가 $p \to q$가 참이라도 그 역 $q \to p$나 이 $\sim p \to \sim q$가 반드시 참인 것은 아님

(2) 명제 연결사

기호	해석	활용
~	not	~p(p가 아니다.)
∧	and	p∧q(p이고 q이다.)
∨	or	p∨q(p이거나 q이다.)
→	implies	p → q(p이면 q이다.)
↔	if and only if	p ↔ q(p는 q이고, q는 p이다.)

(3) 논증 규칙

규칙	수식
이중부정	~(~p)=p
멱등법칙	p∧p=p, p=p∨p
대우법칙	p → q=~q → ~p
배리법	p → q=(p∧~q → C)
교환법칙	p∧q=q∧p, p∨q=q∨p
결합법칙	(p∧q)∧r=p∧(q∧r), (p∨q)∨r=p∨(q∨r)
분배법칙	p∧(q∨r)=(p∧q)∨(p∧r), p∨(q∧r)=(p∨q)∧(p∨r)
드모르간법칙	~(p∧q)=~p∨~q, ~(p∨q)=~p∧~q

(4) 삼단논법 규칙

① 명제를 구성하는 개념요소는 각각 2번씩 등장함
② 전제 중 하나가 부정이면 결론도 부정이어야 하고, 전제가 둘 다 긍정이면 결론도 긍정이어야 함
③ 전제에 '어떤'이 포함되면 결론도 '어떤'을 포함함

> **Tip**
>
> 두 개의 명제가 합쳐진 명제를 합성명제라 하며, '그리고'와 '또는'으로 연결할 수 있다. 이를 기호로 표현하면 다음과 같다.
> • p 그리고 q : p∧q
> • p 또는 q : p∨q
>
> 아울러 다음의 경우는 항상 성립한다.
> • ~(p∧q)=~p∨~q
> • ~(p∨q)=~p∧~q
> • ~(p∨~q)=~p∧q
> • ~(~p∧q)=p∨~q
> • ~(p∨q)=~p∧~q

01 다음 명제가 모두 참일 때 반드시 참인 것은? [한국철도공사]

> • 의사소통능력이 우수한 사람은 수리능력이 부족하다.
> • 정보능력이 부족한 사람은 조직이해능력이 우수하다.
> • 문제해결능력이 우수한 사람은 수리능력도 우수하다.
> • 자원관리능력이 부족한 사람은 정보능력도 부족하다.
> • 조직이해능력이 우수한 사람은 의사소통능력도 우수하다.

① 정보능력이 우수한 사람은 문제해결능력도 우수하다.
② 자원관리능력이 부족한 사람은 의사소통능력도 부족하다.
③ 수리능력이 우수한 사람은 조직이해능력이 부족하다.
④ 의사소통능력이 우수한 사람은 정보능력이 부족하다.
⑤ 자원관리능력이 우수한 사람은 수리능력도 우수하다.

단계별 문제 풀이

STEP 01 ▶ **주어진 명제를 기호로 정리하면 다음과 같다.**
• 의사소통능력 → ∼수리능력
• ∼정보능력 → 조직이해능력
• 문제해결능력 → 수리능력
• ∼자원관리능력 → ∼정보능력
• 조직이해능력 → 의사소통능력

STEP 02 ▶ **명제의 대우 역시 참이며, 다음과 같이 정리할 수 있다.**
• 수리능력 → ∼의사소통능력
• ∼조직이해능력 → 정보능력
• ∼수리능력 → ∼문제해결능력
• 정보능력 → 자원관리능력
• ∼의사소통능력 → ∼조직이해능력

정답 찾기

참인 명제와 그 대우를 정리하면 이를 전체적으로 연결할 수 있다.
• ∼자원관리능력 → ∼정보능력 → 조직이해능력 → 의사소통능력 → ∼수리능력 → ∼문제해결능력
• 문제해결능력 → 수리능력 → ∼의사소통능력 → ∼조직이해능력 → 정보능력 → 자원관리능력
위 도식에 의하면 '수리능력이 우수한 사람은 조직이해능력이 부족하다.'는 반드시 참이다.
또한 ①, ④, ⑤는 참·거짓 여부를 판단할 수 없고, ②는 거짓이다.

정답 | ③

02 다음 전제가 참일 때 도출되는 결론으로 옳은 것은? [한국전력공사]

> 전제 1 : 어떤 신입사원은 직무교육을 받았다.
> 전제 2 : 모든 신입사원은 기획팀이다.
> 결론 : _____

① 어떤 기획팀 직원은 직무교육을 받았다.
② 모든 기획팀 직원은 직무교육을 받았다.
③ 어떤 기획팀 직원은 직무교육을 받지 않았다.
④ 직무교육을 받은 신입사원은 기획팀이 아니다.
⑤ 직무교육을 받은 어떤 사람은 신입사원이 아니다.

단계별 문제 풀이

STEP 01 삼단논법에서 개념 요소는 각각 2번씩 나와야 하는데 아닌 선지를 우선 제외시킨다.

→ 전제 1과 전제 2에서 '신입사원'은 두 번 나왔으므로 결론에서는 '직무교육'과 '기획팀'이 구성요소가 되어야 한다. 따라서 ④와 ⑤를 우선 제외시킨다.

STEP 02 벤다이어그램을 활용하여 답을 찾는다.

정답 찾기

'어떤'과 '모든'이 나왔으므로 결론은 '어떤'으로 시작해야 하며, 전제가 모두 긍정적이므로 결론도 반드시 긍정적이어야 한다. 따라서 '어떤 기획팀 직원은 직무교육을 받았다.'가 답이 된다.

정답 | ①

01 다음 명제가 모두 참일 때 항상 옳은 것은?

> • 수박을 좋아하면 복숭아도 좋아한다.
> • 포도를 좋아하면 딸기는 좋아하지 않는다.
> • 키위를 좋아하지 않으면 딸기를 좋아한다.
> • 키위를 좋아하면 복숭아를 좋아하지 않는다.

① 복숭아를 좋아하면 딸기도 좋아한다.
② 딸기를 좋아하면 수박도 좋아한다.
③ 수박을 좋아하면 포도도 좋아한다.
④ 수박을 좋아하지 않으면 딸기도 좋아하지 않는다.
⑤ 수박을 좋아하지 않으면 복숭아도 좋아하지 않는다.

02 이번 학기 A가 수강 신청한 내역이 다음 〈조건〉을 따를 때, A가 수강하는 과목을 바르게 나열한 것은?

> 〈조건〉
> • 수리통계학을 신청하지 않았다면 전산통계는 신청하였다.
> • 통계해석학을 신청하지 않았다면 마케팅조사론도 신청하지 않았다.
> • 수리정보론을 신청했다면 전산통계는 신청하지 않았다.
> • 통계해석학을 신청했다면 수리통계학은 신청하지 않았다.
> • A는 마케팅조사론을 신청하였다.

① 수리정보론, 전산통계
② 수리통계학, 수리정보론
③ 마케팅조사론, 수리통계학
④ 마케팅조사론, 전산통계, 통계해석학
⑤ 마케팅조사론, 수리정보론, 통계해석학

03 R사원은 다음 주 타 지사로 외근을 나간다. 다음 〈조건〉이 모두 참일 때, R사원이 반드시 외근을 가는 날은 모두 며칠인가?

〈조건〉
- 외근은 다음 주 평일에만 간다.
- 월요일과 목요일에 외근을 가거나 화요일에 간다.
- 수요일에 가지 않으면, 월요일과 금요일에도 가지 않는다.
- 화요일에는 외근을 가지 않는다.

① 1일   ② 2일
③ 3일   ④ 4일
⑤ 5일

04 다음 명제가 모두 참일 때, 반드시 참인 것은?

- 튀니지에 가 본 사람은 멕시코에 가 본 적이 없다.
- 이집트에 가 본 사람은 캐나다도 가 본 적이 있다.
- 칠레에 가 본 적 없는 사람은 이집트에 가 본 적이 있다.
- 스위스에 가 본 사람은 캐나다에 가 본 적이 없다.
- 튀니지에 가 본 적 없는 사람은 칠레에도 가 본 적이 없다.

① 캐나다에 가 본 적 없는 사람은 튀니지에도 가 본 적이 없다.
② 멕시코에 가 본 적 없는 사람은 이집트에도 가 본 적이 없다.
③ 스위스에 가 본 적 있는 사람은 칠레도 가 본 적이 있다.
④ 튀니지에 가 본 적 있는 사람은 스위스도 가 본 적이 있다.
⑤ 칠레에 가 본 적 있는 사람은 캐나다에 가 본 적이 없다.

05 생산팀 소속 사원 6명의 근무 혹은 휴무 조건이 다음과 같다. 유 사원이 휴무일 때, 근무인 직원을 모두 고르면?

- 최 사원이 근무이면, 이 사원은 휴무이다.
- 박 사원이 휴무이면, 이 사원은 근무이다.
- 정 사원이 휴무이면, 김 사원도 휴무이다.
- 정 사원이 근무이면, 최 사원도 근무이다.
- 김 사원이 휴무이면, 유 사원은 근무이다.

① 김 사원, 정 사원
② 김 사원, 박 사원, 최 사원
③ 박 사원, 이 사원, 정 사원
④ 김 사원, 정 사원, 최 사원, 박 사원
⑤ 박 사원, 이 사원, 정 사원, 최 사원

06 해외 봉사에 참여하는 인원이 다음 〈조건〉과 같을 때, 참여하는 인원수는?

〈조건〉
- A가 참여하면 D도 참여하고 E도 참여한다.
- B가 참여하지 않으면 C와 D는 참여한다.
- C가 참여하면 D는 참여하지 않는다.
- A는 해외 봉사에 참여한다.

① 1명
② 2명
③ 3명
④ 4명
⑤ 5명

07 다음 명제가 모두 참일 때, 항상 옳지 않은 것은?

- A가 정시퇴근을 한다면, B는 외근을 한다.
- C가 야근을 한다면, D는 정시퇴근을 한다.
- D가 야근을 한다면, A는 정시퇴근을 하지 않는다.
- C가 야근을 하지 않는다면, B는 외근을 하지 않는다.

① B가 외근을 한다면, D는 정시퇴근을 한다.
② D가 야근을 한다면, B는 외근을 하지 않는다.
③ A가 정시퇴근을 한다면, C는 야근을 한다.
④ D가 정시퇴근을 하지 않는다면, A도 정시퇴근을 하지 않는다.
⑤ C가 야근을 하지 않는다면, A는 정시퇴근을 하지 않는다.

08 다음 명제가 모두 참일 때 〈보기〉에서 항상 참인 것을 모두 고르면?

> • 나는 영화나 드라마 중 한 가지를 좋아한다.
> • 만화를 좋아하지 않는 사람은 영화를 좋아하지 않는다.
> • 음악을 좋아하는 사람은 만화를 좋아한다.
> • 나는 드라마를 좋아하지 않는다.
> • 만화를 좋아하는 사람은 게임을 좋아한다.

┌─ 보기 ─────────────────────────────────
│ ㉠ 나는 영화를 좋아한다.   ㉡ 나는 음악을 좋아한다.
│ ㉢ 나는 게임을 좋아한다.   ㉣ 나는 만화를 좋아한다.
└──────────────────────────────────────

① ㉠, ㉡, ㉢   ② ㉠, ㉡, ㉣
③ ㉠, ㉢, ㉣   ④ ㉡, ㉢, ㉣
⑤ ㉠, ㉡, ㉢, ㉣

09 다음 명제가 모두 참일 때, 반드시 참인 것은?

> • 안경을 쓰고 있는 사람은 흰색 셔츠를 입고 있지 않다.
> • 넥타이를 매고 있는 사람은 재킷을 입고 있다.
> • 구두를 신고 있지 않은 사람은 넥타이를 매고 있다.
> • 모자를 쓰고 있는 사람은 재킷을 입고 있지 않다.
> • 안경을 쓰고 있지 않은 사람은 구두를 신고 있지 않다.

① 재킷을 입고 있지 않은 사람은 안경을 쓰고 있지 않다.
② 흰색 셔츠를 입고 있지 않은 사람은 넥타이를 매고 있지 않다.
③ 모자를 쓰고 있는 사람은 구두를 신고 있다.
④ 안경을 쓰고 있는 사람은 재킷을 입고 있지 않다.
⑤ 넥타이를 매고 있지 않은 사람은 구두를 신고 있지 않다.

10 다음 글의 결론을 이끌어내기 위해 추가해야 할 전제를 〈보기〉에서 모두 고르면?

젊고 섬세하고 유연한 자는 아름답다. 아테나는 섬세하고 유연하다. 아름다운 자가 모두 훌륭한 것은 아니다. 덕을 가진 자는 훌륭하다. 아테나는 덕을 가졌다. 아름답고 훌륭한 자는 행복하다. 따라서 아테나는 행복하다.

─ 보기 ├─
ⓐ 아테나는 젊다.
ⓑ 아테나는 훌륭하다.
ⓒ 아름다운 자는 행복하다.

① ⓐ
② ⓒ
③ ⓐ, ⓑ
④ ⓑ, ⓒ
⑤ ⓐ, ⓑ, ⓒ

참·거짓

SECTION 01 | 핵심 이론

1. 유형 파악하기

① 참인 명제와 거짓인 명제가 조건으로 주어지는 유형

② 특정 명제를 참 혹은 거짓으로 가정하고 다른 명제의 참·거짓을 판별하여 문제 조건에 부합하는 케이스를 찾는 유형

③ 한 명만 거짓말을 하는 경우, 여러 명이 거짓말을 하는 경우, 몇 명이 거짓말을 하는지 모르는 경우 등이 있음

2. 문제 접근하기

① 조건에서 동일 관계인 명제와 모순 관계인 명제를 찾아 경우의 수를 줄이고, 그중에서 참·거짓을 가정하여 답을 찾음

② ① 방법으로 해결할 수 없는 경우에는 제시된 인원을 각각 범인이 되는 경우로 가정하고, 조건을 적용했을 때 부합하는 것을 선택함

3. 필수 암기 이론

(1) 모순과 동일 관계가 명확한 경우

① **주어진 명제 중에서 모순 관계를 찾음**

예

> A : B가 거짓이다. / B : A가 거짓이다.

② **주어진 명제 중에서 동일 관계를 찾음**

예

> A : 나는 거짓을 말하지 않는다. / B : A의 말은 사실이다.

※ 가령 5개의 명제가 주어지고 그중 2명이 거짓을 말했다면, 동일 관계 진술은 무조건 참이 된다.

③ 모순인 명제 둘 중 하나를 참이라고 가정한 뒤 나머지 명제를 판별함

(2) 모순과 동일 관계가 불분명한 경우

    ① 각 명제를 하나씩 참이라고 가정한 뒤 나머지 진술의 참·거짓 여부를 판별함

    ② 문제에서 언급한 참 혹은 거짓의 개수와 일치하는 경우가 답이 됨

01 홍보팀 직원 5명 중 1명이 서류를 분실했다. 다음 중 1명만 진실을 말할 때 서류를 분실한 사람은?

[한국철도공사]

- A : 저는 서류를 분실하지 않았습니다.
- B : C가 분실했습니다.
- C : B는 거짓말을 하고 있습니다.
- D : E가 분실한 사람입니다.
- E : B가 서류를 분실했습니다

① A   ② B
③ C   ④ D
⑤ E

단계별 문제 풀이

STEP 01 특정 진술을 참 혹은 거짓으로 가정하고 다른 진술의 참·거짓을 판별함으로써 문제 조건에 부합하는 케이스를 찾는 유형이다.

STEP 02 범인과 진실(거짓)을 말하는 인원을 확인한다.
→ 이 문제에서 범인은 1명, 진실을 말하는 사람도 1명이다.

정답 찾기

두 가지 방법 중 어느 것을 선택해도 무방하다.
1) 풀이법 1
→ 모순되는 진술을 기준으로 경우의 수를 고려한다. B와 C의 진술이 모순이므로 둘 중 하나가 참인 진술이며, 이 문제에서 진실을 말한 사람은 한 명이므로 둘 중 한 명을 제외한 나머지 진술은 전부 거짓이다.
  - B가 참인 경우 : 범인은 C이다. 그런데 이때 C, D, E의 진술은 거짓이지만 A의 진술은 참이 되므로 조건에 부합하지 않는다.
  - C가 참인 경우 : C를 제외한 나머지 진술이 거짓이어도 문제가 없다. 이때 A의 진술도 거짓이므로 분실한 사람은 A이다.
2) 풀이법 2
→ 각 인물을 분실한 사람으로 가정할 때 참인 진술이 한 명인 경우가 답이다.

진술＼범인	A	B	C	D	E
A	거짓	참	참	참	참
B	거짓	거짓	참	거짓	거짓
C	참	참	거짓	참	참
D	거짓	거짓	거짓	거짓	참
E	거짓	참	거짓	거짓	거짓

참인 진술이 한 명뿐인 경우는 A가 분실했을 때이다.

정답 | ①

01 이번에 해외지사로 발령받는 사람은 A, B, C 중 한 사람이다. 관련 진술 가운데 하나만 참일 때, 참인 진술과 해외지사 발령자를 바르게 연결한 것은?

> 진술 1 : 이번 발령자는 A이다.
> 진술 2 : B는 해외지사로 발령받는 사람이 아니다.
> 진술 3 : 해외지사 발령 대상자는 B 또는 C이다.

	참인 진술	해외지사 발령자
①	진술 1	A
②	진술 2	B
③	진술 2	C
④	진술 3	A
⑤	진술 3	B

02 A, B, C, D, E 5명 중 한 명이 어제 사무실 복사기를 고장 냈다. 이들 중 2명이 거짓말을 하고 있다면 복사기를 고장 낸 사람은 누구인가?

> A : E는 복사기를 고장 낸 사람이 아니다.
> B : C가 복사기를 고장 냈다.
> C : B의 말은 사실이 아니다.
> D : 나는 복사기를 고장 내지 않았다.
> E : D의 말은 사실이다.

① A   ② B
③ C   ④ D
⑤ E

03 범죄 발생 후 용의자 A~E의 진술이 다음과 같다. 5명 중 3명의 진술만 참이며, 범인은 1명일 때, 거짓말 한 사람과 범인을 바르게 짝지은 것은?

> • A : D가 범인이다.
> • B : 나는 죄가 없다.
> • C : E는 안 그랬다.
> • D : A는 거짓말을 하고 있다.
> • E : B의 말은 사실이다.

	거짓말 한 사람	범인
①	A, C	E
②	A, D	B
③	B, E	D
④	C, D	E
⑤	D, E	D

04 아랑, 태주, 조안, 기현 네 명은 혈액형이 전부 다르다. 각 정보에 속하는 내용 중 하나는 참이고 하나는 거짓일 때, A형과 B형인 사람을 바르게 짝지은 것은?

> • 정보 1 : 아랑의 혈액형은 O형이고, 태주의 혈액형은 B형이다.
> • 정보 2 : 조안의 혈액형은 O형이고, 기현의 혈액형은 AB형이다.
> • 정보 3 : 기현의 혈액형은 O형이고, 태주의 혈액형은 A형이다

	A형	B형
①	아랑	조안
②	조안	기현
③	태주	기현
④	아랑	태주
⑤	태주	조안

05 A, B, C 세 사람은 여행 갔던 날짜를 서로 다르게 기억하고 있다. 세 사람 중 한 사람의 기억은 전부 틀렸고, 한 사람의 기억은 하나만 맞으며, 한 사람의 기억은 하나만 틀렸다. 이들이 언급한 월, 일, 요일 중 하루 여행을 갔다면, 〈조건〉을 고려하였을 때 〈보기〉에서 참인 것을 모두 고르면?

〈조건〉

- A : 2월 6일이었고, 그날은 일요일이었어.
- B : 2월 9일이었고, 그날은 토요일이었어.
- C : 3월 6일이었고, 그날은 수요일이었어.

2월						
일	월	화	수	목	금	토
		1	2	3	4	5
6	7	8	9	10	11	12
13	14	15	16	17	18	19
20	21	22	23	24	25	26
27	28					

3월						
일	월	화	수	목	금	토
		1	2	3	4	5
6	7	8	9	10	11	12
13	14	15	16	17	18	19
20	21	22	23	24	25	26
27	28	29	30	31		

보기

㉠ 여행 간 월과 일 모두 정확히 기억하는 사람은 없다.
㉡ 여행은 토요일 혹은 일요일에 갔다.
㉢ 토요일에 여행을 갔다면 C의 기억은 하나만 맞는다.

① ㉠
② ㉡
③ ㉠, ㉡
④ ㉠, ㉢
⑤ ㉡, ㉢

06 오늘은 A~E 5명 중 한 명의 생일이다. 이들 중 1명만 진실을 말할 때, 오늘 생일인 사람은?

- A : 오늘은 내 생일이 아니다.
- B : 오늘은 C의 생일이다.
- C : 오늘은 B의 생일이다.
- D : C의 말은 사실이 아니다.
- E : 오늘은 D의 생일이다.

① A
② B
③ C
④ D
⑤ E

07 A, B, C, D 4명 중 각 2명은 마케팅팀과 영업팀 소속이다. 영업팀의 발언만 참일 때 영업팀 소속 2명은 누구인가?

> • A : B와 C 모두 영업팀이다.
> • B : C는 마케팅팀이다.
> • C : D는 마케팅팀이다.
> • D : A와 C는 마케팅팀이다.

① A, B   ② A, C

③ B, C   ④ B, D

⑤ C, D

08 회사원 갑, 을, 병, 정에 관한 다음 진술들 중 하나만 참일 때, 이들 가운데 지각을 한 사람의 수는?

> • 갑, 병, 정 중 적어도 한 명은 지각을 했다.
> • 을과 병 중 적어도 한 명은 지각을 하지 않았다.
> • 갑이 지각을 했다면, 을은 지각을 하지 않았다.
> • 을과 병 중 한 명이라도 지각을 했다면, 정도 지각을 했다.

① 1명   ② 2명

③ 3명   ④ 4명

⑤ 없음

09 공장 한 생산라인에 A, B, C, D 네 사람이 함께 작업하고 있다. 이때 한 사람의 실수로 작업 중 문제가 발생하였다. 이들 네 명 중 세 명은 진실을 말하고, 한 명은 거짓을 말할 때, 거짓을 말한 사람과 실수를 한 사람은 누구인가?

> A : D가 실수를 했어요.
> B : A 때문에 문제가 발생했어요.
> C : 저는 실수를 저지르지 않았어요.
> D : 제가 실수했다고 A가 거짓말하고 있어요.

	거짓말 한 사람	실수한 사람
①	A	A
②	A	B
③	B	D
④	B	C
⑤	C	C

10 은성, 지나, 석재, 유한, 승주는 이번에 새로운 프로젝트를 맡아 진행 중이다. 이들 중 한 명이 정해진 기한 내 담당 보고서를 마무리하지 못한 상황에서 2명이 거짓말을 하고 있다. 다음 대화를 보고 추론할 때, 보고서를 끝내지 못한 사람은?

> 은성 : 유한은 예정대로 보고서를 마무리하였다.
> 지나 : 승주는 보고서를 끝내지 못했다.
> 석재 : 나는 보고서를 이미 완성했다.
> 유한 : 석재의 말은 사실이다.
> 승주 : 지나의 말은 거짓이다.

① 은성 ② 지나
③ 석재 ④ 유한
⑤ 승주

대응 및 위치 배정

CHAPTER 03

SECTION 01 | 핵심 이론

1. 유형 파악하기

① 3~7개 정도의 조건이 주어짐

② 주어진 조건을 바탕으로 숨겨진 정보를 찾는 유형(대응), 주어진 조건으로 위치를 배치하는 유형(위치 배정), 주어진 정보로 전부 매칭 가능한 문제와 여러 경우의 수가 도출되는 유형 등이 존재

2. 문제 접근하기

① 명제와 비슷한 유형은 조건을 도식화하면 상대적으로 쉽게 해결 가능

② 문제 풀이 순서

　㉠ 표 또는 그림을 이용하여 틀을 잡음 : 조건을 시각화하여 풀면 더 정확하고 빠르게 답을 찾을 수 있음

　㉡ 명확하게 주어진 조건부터 정보를 넣어 가며 풀이 : 조건이 하나씩 지워질수록 미리 그려 둔 표 또는 그림이 점점 채워질 것이고, 그에 따라 남는 정보도 명확해짐

③ 경우의 수가 여러 개 존재하는 문제는 고정이 되는 사항을 우선 정리하고, 나머지 조건으로 모순되거나 불가능할 것을 제외하는 방식으로 접근

01 영업팀 S, L, K사원은 지역을 나눠 담당하고 있다. 이들이 맡는 지역은 서울, 인천, 대전, 대구, 광주, 부산, 울산, 강원 8개 지역이다. 다음 〈조건〉이 **모두 참일 때 항상 거짓인 것은?**

[한국철도공사]

> **〈조건〉**
> • 서울 담당자는 서울 포함 2개 지역만 담당하고, 나머지는 각각 3개 지역을 맡는다.
> • 인천 담당자는 광주도 담당한다.
> • S사원은 대구, 울산 그리고 다른 한 지역을 담당한다.
> • 서울 담당자는 대전을 담당하지 않는다.
> • L사원은 강원을 담당한다.

① S는 부산을 담당하지 않는다.
② 대전 담당자는 2곳을 담당한다.
③ L은 광주를 담당한다.
④ 서울 담당자는 부산도 담당한다.
⑤ K는 인천을 담당한다.

단계별 문제 풀이

STEP 01 기본 조건을 정리한다.

→ S, L, K사원 3명이 8개 지역(서울, 인천, 대전, 대구, 광주, 부산, 울산, 강원)을 나누어 담당하고 있다.

STEP 02 확정 내용을 정리한다.

→ S는 대구+울산+1지역, L은 강원, 인천 → 광주, 서울 → ~대전

STEP 03 미확정 내용으로 3가지 경우의 수를 도출한다.

경우 1			경우 2			경우 3		
S	L	K	S	L	K	S	L	K
대구, 부산, 울산	강원, 서울	광주, 대전, 인천	대구, 대전, 울산	강원, 서울	광주, 부산, 인천	대구, 대전, 울산	강원, 광주, 인천	부산, 서울

정답 찾기

정리한 내용과 경우의 수를 바탕으로 항상 거짓인 것을 찾는다. 즉, 참인 경우와 거짓인 경우가 공존한다면 답이 아니다. 어떠한 경우에도 대전 담당자는 3곳을 담당하므로 대전 담당자는 2곳을 담당한다는 항상 거짓이다.

오답 분석

① S는 부산을 담당하지 않는다. → 경우 2와 3에 의하면 S는 부산을 담당하지 않는다.
③ L은 광주를 담당한다. → 경우 3에 의하면 L은 광주를 담당한다.
④ 서울 담당자는 부산도 담당한다. → 경우 3에 의하면 K는 서울과 부산을 담당한다.
⑤ K는 인천을 담당한다. → 경우 1과 2에 의하면 K는 인천을 담당한다.

정답 | ②

02 다음과 같은 소, 말, 돼지, 토끼, 개, 고양이, 닭, 쥐의 자리를 새롭게 배치하고자 한다. 〈조건〉을 적용한 새로운 자리 배치에 대한 설명으로 옳은 것은? [부산교통공사]

1라인	A	B	C	D
	소	말	돼지	토끼
2라인	E	F	G	H
	개	고양이	닭	쥐

〈조건〉

- 모든 동물들의 자리는 바뀐다.
- 토끼, 말, 닭, 고양이만 이전과 같은 라인에 위치한다.
- 닭과 토끼의 위치는 가장 멀리 떨어져 있고 닭과 돼지는 바로 옆 자리이다.
- 돼지와 고양이의 자리에서 개의 자리까지의 거리는 동일하다.

① 소와 개는 바로 옆 자리에 위치한다.
② 닭 건너편 자리에는 말이 위치한다.
③ 말과 개의 위치는 가장 멀리 떨어져 있다.
④ 토끼의 건너편 자리에는 고양이가 위치한다.

단계별 문제 풀이

STEP 01 주어진 조건으로 자리를 배치하는 유형이다.
→ 그림을 그린 후 조건을 적용하는 방식으로 답을 찾는다.

STEP 02 조건을 그림에 적용하면 다음과 같은 경우를 도출할 수 있다.

1라인	A	B	C	D
	토끼	개	말 or 쥐	쥐 or 말
2라인	E	F	G	H
	고양이	소	돼지	닭

정답 찾기
'토끼의 건너편 자리에는 고양이가 위치한다'는 옳은 설명이다.

오답 분석
① 소와 개는 바로 옆 자리에 위치한다. → 소 건너편 자리에 개가 위치한다.
② 닭 건너편 자리에는 소가 위치한다. → 닭 건너편 자리에는 쥐나 말이 위치한다.
③ 말과 개의 위치는 가장 멀리 떨어져 있다. → 토끼와 닭, 쥐(or 말)와 고양이는 가장 멀리 떨어져 있다.

정답 | ④

01 은행에 A~F 6명이 대기 중이다. 이들의 대기번호가 다음과 같을 때, 항상 참인 것은?

> • A의 대기번호가 가장 빠르고, D는 이들 중 다섯 번째이다.
> • D는 F보다 대기번호가 빠르다.
> • B와 C의 번호는 연달아 이어지지 않는다.

① B는 두 번째로 업무를 처리한다.
② C는 E 다음 순서이다.
③ D 바로 전은 E이다.
④ B는 E보다 대기번호가 빠르다.
⑤ E의 대기번호는 3번이다.

02 직원 A~F 6명이 2인 1조로 출장을 간다. 다음 〈조건〉을 따를 때 참이 아닌 것은?

> **〈조건〉**
> • 출장은 월, 수, 금요일 중 하루를 간다.
> • A는 F와는 가지 않는다.
> • C는 수요일에 출장을 가며, D, E와는 함께 가지 않는다.
> • F는 월요일에 출장을 간다.

① A는 월요일에 출장을 가지 않는다.
② C는 A 또는 B와 출장을 간다.
③ B는 모든 요일에 출장을 갈 수 있다.
④ D는 F와 함께 출장을 가지 않는다.
⑤ E는 C와는 출장을 가지 않는다.

03 A~H 8명이 원탁에 둘러앉아 있다. 다음 〈조건〉이 참일 때 옳지 않은 것은?

〈조건〉

- A는 B와 D 사이에 앉아 있다.
- F의 오른쪽에는 H가 앉아 있다.
- A는 G, H와 마주 보지 않는다.
- C는 B와 마주 보고 있다.
- E의 왼쪽에는 C가 앉아 있다.

① G는 C의 왼편에 앉아 있다.

② A와 F는 마주 보고 있다.

③ H의 오른쪽에는 B가 앉아 있다.

④ F와 D는 바로 옆에 앉아 있다.

⑤ G는 D 바로 옆에 앉아 있다.

04 K공사 직원 A~G 7명 중 3명은 본사 소속이고, 나머지 4명 중 각 2명은 경기와 강원지사 소속이다. 다음 〈조건〉이 모두 참일 때, D와 F의 소속을 바르게 짝지은 것은?

〈조건〉

- A는 강원지사 소속이 아니다.
- B는 본사 소속이 아니며, E와 소속이 같다.
- C는 강원지사 소속이다.
- D는 C와 소속이 다르다.
- G는 본사 소속이다.

	D	F
①	본사	본사
②	본사	경기지사
③	본사	강원지사
④	경기지사	본사
⑤	경기지사	강원지사

05 한 회사에 근무하는 A~G 7명은 2분 간격으로 출근했다. 가장 늦게 온 사람의 출근 시간이 8시 50분이고, 출근 순서가 다음 〈조건〉을 따를 때 먼저 출근한 순서대로 나열한 것은?

〈조건〉

- A는 6번째로 출근했다.
- B는 30분대에 출근했다.
- C는 E보다는 빨리, D보다는 늦게 출근했다.
- F는 42분에 왔다.
- G는 F가 온 직후에 출근했다.

① A－B－F－G－D－C－E   ② B－A－F－G－D－C－E

③ B－D－F－G－C－A－E   ④ B－F－G－D－A－C－E

⑤ D－B－C－F－G－E－A

06 다음은 같은 5층 건물에 사는 A~E 5명에 대한 내용이다. 다음 진술이 모두 참일 때 언제나 참이 되는 것은 무엇인가?

- A와 B가 살고 있는 층의 차이는 C와 D가 살고 있는 층의 차이와 같다.
- A는 5층에 산다.
- E는 D보다 더 높은 층에 산다.
- 건물 각 층에는 한 명만 살 수 있다.

① E는 2층보다 높은 층에 산다.

② A는 E와 인접 층에 산다.

③ B와 C는 인접 층에 산다.

④ D와 E는 인접 층에 산다.

⑤ C는 1층에 산다.

07 그림과 같이 6명이 앉을 수 있는 원탁에 A~E 5명이 앉아 음료를 마시고 있다. 〈조건〉이 모두 참일 때 항상 거짓인 것은?

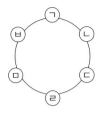

〈조건〉

- 커피와 콜라를 마시는 사람은 각각 2명, 녹차를 마시는 사람은 1명이다.
- ㉠에 앉은 사람은 커피를 마신다.
- A는 콜라를 마신다.
- B는 ㉤에 앉아 있다.
- C 맞은편에는 E가 앉아 있다.
- D는 ㉢에 앉아 있고, D 오른쪽에 앉은 사람은 콜라를 마신다.
- 같은 음료를 마시는 사람끼리 서로 마주 앉아 있다.

① A는 E와 D 사이에 앉아 있다.
② B는 녹차를 마신다.
③ D의 왼쪽에는 C가 앉는다.
④ ㉣은 빈자리이다.
⑤ E의 오른쪽은 비어 있다.

08 다음은 한 카페에서 고용한 아르바이트생 5명의 근무기록표이며, 일부만 기재된 상태이다. 〈조건〉을 참고하여 근무기록표를 채울 때 ㉠~㉤ 중 근무에 해당하는 것을 모두 고르면?

구분	월	화	수	목	금
A		㉠			
B		휴무		㉡	
C					㉢
D	㉣				
E		㉤			근무

〈조건〉
• 모든 아르바이트생은 2일 혹은 3일간 근무한다.
• 3일간 근무하는 사람은 A, B뿐이다.
• 3명이 근무하는 날은 화요일과 목요일이다.
• A는 월요일에 근무하지 않는다.
• C는 A와 근무일이 하루도 겹치지 않으며, B와는 목요일을 제외하고 모두 겹친다.
• 수요일에는 B와 C가 근무한다.
• D는 3명이 근무하는 날에만 근무한다.

① ㉠, ㉡, ㉤
② ㉠, ㉢, ㉣
③ ㉡, ㉢, ㉤
④ ㉢, ㉣, ㉤
⑤ ㉠, ㉡, ㉣, ㉤

09 A, B, C, D 4명은 모두 형제가 있다. 이들의 형제는 모두 남동생 1명, 여동생 2명, 누나(언니) 2명이다. 다음 진술이 모두 참일 때, 형제가 2명인 사람과 A의 형제를 바르게 짝지은 것은?

• A : 나는 형제가 1명이야.
• B : 나는 여동생만 있어.
• C : 나는 남동생이 있어.
• D : 나는 누나가 없어.

	형제가 2명인 사람	A의 형제
①	B	누나(언니)
②	C	누나(언니)
③	B	여동생
④	C	여동생
⑤	D	여동생

10 화장품 생산기업인 K사에서 신규 출시한 제품 가~마를 테스트했다. 그런데 제품을 테스트한 A, B, C, D에게서 트러블 반응이 일어났다. 제품 효능을 확실히 파악하기 위해 특정 제품을 사용하는 동안에는 다른 제품을 전혀 사용하지 않았으며, 트러블이 발생한 경우 제품 사용을 중단하면 트러블도 즉시 가라앉았다. 또한 A, B, C, D는 각각 한 가지 원료에 대해서만 트러블 반응이 일어나는 것으로 밝혀졌다. 제품별로 트러블의 원인으로 추정되는 주요 원료가 다음과 같을 때, A와 D가 트러블 반응을 보인 원료를 바르게 짝지은 것은?

제품	원료	트러블 발생자
가	미네랄오일, 벤조페논-3, DHT	A, B
나	벤조페논-3, 소르빈산	A, C
다	미네랄오일, DHT	B
라	미네랄오일, 벤조페논-3, 페녹시에탄올, DHT	A, B, D
마	미네랄오일, ( )	A

	A	D
①	미네랄오일	페녹시에탄올
②	벤조페논-3	미네랄오일
③	DHT	벤조페논-3
④	미네랄오일	벤조페논-3
⑤	벤조페논-3	페녹시에탄올

CHAPTER 04 상황 적용

SECTION 01 | 핵심 이론

1. 유형 파악하기

① 실제 업무 중 접할 수 있는 다양한 자료들을 바탕으로 주어진 상황에 적절히 대처하는 문제 유형
② 자료를 이해하려는 독해력과 자료를 활용한 계산 능력이 요구됨
③ 수리능력과도 유관하며, 평가 · 선정 등 타 유형과 연결 문제로 나오는 경우도 많음

2. 문제 접근하기

① 규정이나 법조문처럼 다소 낯선 용어와 내용이 주어지는 경우가 있지만, 자료에 제시된 조건을 그대로 적용하면 되고, 이 과정에서 상식이나 추측을 개입하지 않도록 주의함
② 복잡한 수식 및 문제는 편의를 위해 간단하게 정리하거나 그림을 통해 판단하며, 단위는 통일 후 문제 풀이하는 것을 추천

01 다음은 한 공연회관의 대관 신청에 관한 안내사항과 대관현황이다. **납부할 대관료에 대한 설명으로 옳지 않은 것을 모두 고르면?** [한국동서발전]

〈○○공연회관 대관 신청 안내〉

■ 대관 신청 시기 및 방법
 • 정기대관 : 분기별 연 4회 대관 신청 접수 기간에 신청 가능
 • 수시대관 : 정기대관 후 유휴일정 발생 시 대관 가능일 공지 후 신청 가능
 ※ 정기대관 및 수시대관 모두 온라인 접수만 가능
 • 제출 서류 : 시설대관 신청서, 행사계획서, 대관신청자 프로필, 공연 프로그램 개요 등
■ 사용료
 • 기본 대관료 : 1,100,000원(기본 3시간 초과 시 추가 금액)
 • 철수 비용 : 회차별 550,000원(1회 9~12시/2회 13~17시/3회 18~22시)
 ※ 철야시간대(23~8시) 대관의 경우 23~2시 대관은 기본 대관료의 150%, 2~5시와 5~8시 대관은 기본 대관료의 200%를 적용하며, 철야시간대 철수 비용은 기본 대관료의 100%에 해당하는 금액 적용
 • 기본 대관료 포함 사항 : 해당 극장 기본 조명, 냉난방, 출연자 분장실 및 공동시설, 공연장 안내 서비스, 기본 기술스태프
■ 부대시설 사용료

시설	비용	기타
그랜드피아노	7만 원	조율비 별도
현장 중계 및 녹화	15만 원	카메라 2대 이상 반입 시, 회당 적용
특수 조명	5천 원	1대 기준
무선마이크	2만 원	1대 기준
유선마이크	5천 원	1대 기준(2대까지 무료)
빔 프로젝터	20만 원	–

■ 총 대관료

기본 대관료＋철수 비용＋부대시설 사용료

■ 5월 대관현황

기관	날짜 및 시간	비고
A회사	5월 25일 13:00~15:00	• 무선마이크 2대 사용 • 빔 프로젝터 사용
B회사	5월 12일 05:00~06:00	• 무선마이크 2대 사용
C회사	5월 6일 09:00~10:00	• 특수 조명 3대 사용 • 현장 중계 및 녹화 이용(카메라 2대 반입)
D회사	5월 19일 18:00~20:00	• 빔 프로젝터 사용 • 유선마이크 2대 사용

ㄱ A회사의 총 대관료는 189만 원이다.

ㄴ B회사의 총 대관료는 354만 원이다.

ㄷ C회사의 총 대관료는 170만 원이다.

ㄹ D회사의 총 대관료는 185만 원이다.

① ㄱ, ㄴ   ② ㄱ, ㄷ

③ ㄱ, ㄹ   ④ ㄴ, ㄷ

단계별 문제 풀이

STEP 01 상황 적용 자료와 주어진 조건을 비교하여 기관별 총 대관료를 구하는 유형이다.

STEP 02 규정이나 법조문처럼 다소 낯선 용어와 내용이 주어지는 경우가 있지만, 자료에 제시된 조건만 그대로 적용하면 된다. 이 과정에서 상식이나 추측을 개입하지 않도록 주의한다.

정답 찾기

총 대관료는 기본 대관료+철수 비용+부대시설 사용료이다.

ㄱ A회사의 총 대관료는 189만 원이다.

→ A회사의 대관시간은 13:00~15:00이므로 기본 대관료는 1,100,000원, 철수 비용은 550,000원이다. 또한 부대시설 사용료는 (20,000×2)+200,000=240,000원이다. 따라서 총 대관료는 1,100,000+550,000+240,000 =1,890,000원이다.

ㄹ D회사의 총 대관료는 185만 원이다.

→ D회사의 대관시간은 18:00~20:00이므로 기본 대관료는 1,100,000원, 철수 비용은 550,000원이다. 또한 부대시설 사용료는 200,000원이다. 따라서 총 대관료는 1,100,000+550,000+200,000=1,850,000원이다.

오답 분석

ㄴ B회사의 총 대관료는 354만 원이다.

→ B회사의 대관시간은 05:00~06:00이므로 기본 대관료는 1,100,000×2=2,200,000원, 철수 비용은 1,100,000원이다. 또한 부대시설 사용료는 20,000×2=40,000원이다. 따라서 총대관료는 2,200,000+1,100,0 00+40,000=3,340,000원이다.

ㄷ C회사의 총 대관료는 170만 원이다.

→ C회사의 대관시간은 09:00~10:00이므로 기본 대관료는 1,100,000원, 철수 비용은 550,000원이다. 또한 부대시설 사용료는 (5,000×3)+150,000=165,000원이다. 따라서 총 대관료는 1,100,000+550,000+165,000 =1,815,000원이다.

따라서 옳지 않은 것은 ㄴ, ㄷ이다.

정답 | ④

01 다음 자료를 참고로 〈보기〉에서 주택청약가점이 가장 높은 순서대로 바르게 나열한 것은?

주택청약가점＝무주택 기간(1)＋부양가족 수(2)＋청약저축 가입기간(3)

1. 무주택 기간

1년 미만	1년 이상 3년 미만	3년 이상 5년 미만	5년 이상 7년 미만	7년 이상 9년 미만	9년 이상
2	4	6	8	10	12

2. 부양가족 수

1명	2명	3명	4명	5명	6명
5	10	15	20	25	30

※ 본인 및 형제·자매는 부양가족에 포함되지 않음

3. 청약저축 가입기간

1년 미만	1년 이상 2년 미만	2년 이상 3년 미만	3년 이상 4년 미만	4년 이상 5년 미만	5년 이상 6년 미만
1	2	3	4	5	6
6년 이상 7년 미만	7년 이상 8년 미만	8년 이상 9년 미만	9년 이상 10년 미만	10년 이상 11년 미만	11년 이상
7	8	9	10	11	12

보기

㉠ A씨는 청약저축 가입기간이 7년 6개월이며, 무주택 기간은 4년이고, 아내, 딸 1명과 함께 살고 있다.
㉡ 어머니, 여동생 두 명과 함께 살고 있는 B씨는 무주택 기간이 6년이고, 청약저축 가입기간은 9년이다.
㉢ C씨는 부모님 두 분, 아내와 함께 살고 있으며, 청약저축 가입기간이 5년이고, 무주택 기간은 3년이다.

① ㉠－㉡－㉢
③ ㉡－㉢－㉠
⑤ ㉢－㉡－㉠
② ㉠－㉢－㉡
④ ㉢－㉠－㉡

02 다음은 한 연구소의 승진임용자격 요건이다. 이를 바탕으로 직원 A~E 중 승진임용자격에 부합하는 사람을 모두 고르면?(단, 자격심사일은 2025년 6월 1일 기준으로 한다.)

승진임용자격 요건

제○조(소요연수) 직원의 승진에 필요한 소요연수는 다음 각 호와 같다.

1. 선임연구위원 : 연구위원으로 4년 이상 재직한 자
2. 연구위원 : 부연구위원으로 4년 이상 재직한 자
3. 부연구위원 : 전문연구원으로 2년 이상 재직하고 박사학위를 취득한 자
4. 전문연구원 : 연구원으로 4년 이상 재직한 자 또는 연구원으로 2년 이상 재직하고 박사학위를 취득한 자
5. 책임전문원 : 선임전문원으로 8년 이상 재직하고 석사학위 이상을 취득한 자
6. 선임전문원 : 전문원으로 3년 이상 재직한 자
7. 책임행정원 : 선임행정원으로 4년 이상 재직한 자
8. 선임행정원 : 행정원으로 6년 이상 재직한 자

직원	직책	임용일	학력
A	연구위원	2020년 8월 1일	박사
B	전문연구원	2022년 1월 2일	석사
C	연구원	2021년 11월 30일	박사
D	선임전문원	2016년 5월 1일	학사
E	행정원	2018년 3월 15일	학사

① A, C
② B, D
③ C, E
④ A, C, D
⑤ B, D, E

03 다음은 S공사의 경조비 지급 관련 규정이다. 〈보기〉의 상황에서 지급 총액이 많은 순서대로 나열한 것은?

제8조(경조비 지원) ① 지급 대상 : 공사 직제규정 및 사무직원 운영규정에서 정의한 직원. 다만, 같은 경조사(본인 결혼 제외)로 지급대상자가 2인 이상일 경우 1인에게만 지급한다.
② 지급액
  1. 축의금
    – 본인 결혼 : 500,000원
    – 자녀 결혼 : 300,000원
    – 부모 회갑 또는 칠순 : 200,000원
  2. 조의금
    – 배우자 사망 : 1,000,000원
    – 부모 사망 : 500,000원
    – 자녀 사망 : 500,000원
    – 조부모 사망 : 100,000원

보기
  ㉠ S공사에 함께 재직 중인 부부 A와 B의 아들이 결혼하였다.
  ㉡ C는 아버지 칠순과 어머니 회갑을 차례로 맞이하였다.
  ㉢ D는 불의의 사고로 동시에 아버지와 어머니를 잃었다.
  ㉣ E는 결혼하고 얼마 후 할아버지께서 별세하셨다.

① ㉠－㉢－㉣－㉡
② ㉢－㉠－㉣－㉡
③ ㉢－㉣－㉡－㉠
④ ㉣－㉠－㉢－㉡
⑤ ㉣－㉢－㉠－㉡

04 친구 3명 A, B, C가 함께 야구 직관을 갔다. 이들이 쓴 지출 내역이 다음과 같으며, A는 교통비를, B는 유니폼과 모자를, C는 관람 티켓과 치킨+음료 세트를 결제했다. 이들 3명이 공통으로 지출한 비용을 동일하게 분배할 때, C가 나머지 두 사람에게 전달할 금액으로 옳은 것은?(단, 제시된 금액 외에 다른 비용은 없다고 가정한다.)

지출 내역	금액	비고
관람 티켓	60,000원	내야 1루석 3매
교통비(KTX)	210,000원	성인 3인. 왕복 비용
유니폼	146,000원	동일한 유니폼 2개. A와 C만 구입
모자	25,000원	B만 구입
치킨+음료 세트	30,000원	3인분

	<u>A</u>	<u>B</u>
①	37,000원	32,000원
②	37,000원	46,000원
③	46,000원	37,000원
④	53,000원	32,000원
⑤	53,000원	46,000원

[05~06] A부에서는 2026년 예산 편성을 위해 2025년 상반기 시행된 정책 A~F에 대한 평가를 실시하였다. 내용을 바탕으로 이어지는 물음에 답하시오.

- 정책 평가 영역과 영역별 기준 점수는 다음과 같다.

계획의 충실성	계획 대비 실적	성과지표 달성도
90점	85점	80점

- 평가 점수가 해당 영역의 기준 점수 이상인 경우 '통과', 기준 점수 미만인 경우 '미통과'로 판단한다.
- 모든 영역이 통과로 판단된 정책의 예산은 2025년과 동일한 금액으로 편성하며, 2개 영역만 통과로 판단된 정책의 예산은 전년 대비 10% 감액, 1개 영역만 통과로 판단된 정책의 예산은 20% 감액한다. 단 '계획 대비 실적'이 미통과인 경우 위 기준과 상관없이 20% 감액하여 편성한다.
- 2025년도 정책 A~F의 예산은 각각 30억 원이었다.

〈정책 평가 결과〉

(단위 : 점)

정책	계획의 충실성	계획 대비 실적	성과지표 달성도
A	92	86	84
B	90	89	85
C	87	85	78
D	91	84	81
E	89	87	80
F	93	90	87

05 정책 평가 결과 2026년 정책 예산이 2025년과 동일하게 책정되는 정책만을 고르면?

① A, B, F
② A, C, D
③ B, C, E
④ C, D, F
⑤ D, E, F

06 2026년 정책 A~F의 예산 총액은 얼마인가?

① 159억 원
② 162억 원
③ 165억 원
④ 168억 원
⑤ 171억 원

07 다음은 주상복합건물의 이격거리 현행 기준과 개선안을 비교하는 그림이다. 높이 70m인 주상복합건물 A와 동일한 B를 나란히 건설할 때, 현행 대비 개선안의 이격거리는 얼마나 줄어드는가?(단, 건물 A의 필로티는 3m, 상가 구역 높이는 25m이다.)

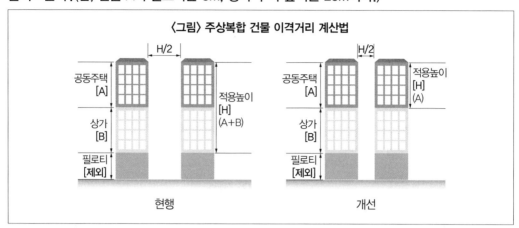

① 12.5m

② 21m

③ 25m

④ 33.5m

⑤ 42m

[08~09] K공단에서는 자체 DB와 유관기관 제공 정보를 분석하여 눈병 위험도를 예보한다. 다음 자료를 바탕으로 이어지는 물음에 답하시오.

<표 1> 눈병 위험도 단계 및 행동요령

단계	수치	행동요령
관심	$0 \leq M < 0.2$	비누를 사용하여 흐르는 수돗물에 손을 자주 씻고 손으로 얼굴 특히 눈 주위를 만지지 않도록 합니다.
주의	$0.2 \leq M < 0.4$	비누를 사용하여 흐르는 수돗물에 손을 자주 씻고 수건이나 개인 소지품 등은 다른 사람과 함께 사용하지 않습니다.
경고	$0.4 \leq M < 0.6$	눈에 부종, 충혈, 이물감 등이 있을 경우에는 손으로 비비거나 만지지 말고 안과 전문의의 진료를 받고 사람들이 많이 모이는 장소는 피하도록 합니다.
위험	$0.6 \leq M$	안질환에 걸린 환자의 경우는 증상 완화, 세균에 의한 이차감염 및 기타 합병증 예방을 위하여 안과 치료를 받고 개인용품은 끓는 물에 반드시 소독한 후 사용합니다.

<표 2> 2025년 7월 1일 지역별 눈병 위험 수치(M)

서울	인천	대전	광주	대구	부산	울산	경기
0.15	0.2	0.25	0.45	0.61	0.38	0.65	0.18
강원	충북	충남	전북	전남	경북	경남	제주
0.32	0.48	0.52	0.26	0.30	0.43	0.39	0.55

08 다음 중 자료에 대한 반응으로 옳은 것만을 모두 고르면?

- A : 수치가 0.4 미만일 때는 손 청결을 유지하는 것이 중요해.
- B : 경상도 지역 주민들은 사람이 많은 곳은 피하고, 눈에 이물감이 느껴질 땐 안과 진료를 받는 게 좋겠어.
- C : 대구 지역 주민들은 눈병 위험도가 높은데, 특히 안질환 환자는 2차 감염이나 합병증 예방에 특히 주의해야 할 거야.

① B
② A, B
③ A, C
④ B, C
⑤ A, B, C

09 K공단 직원 L은 지역별 눈병 위험도를 한 눈에 알아보기 쉽도록 이미지 자료로 변형하는 업무를 담당하고 있다. 다음 중 2025년 7월 1일의 지역별 눈병 위험도에 대한 이미지 자료로 옳은 것은?

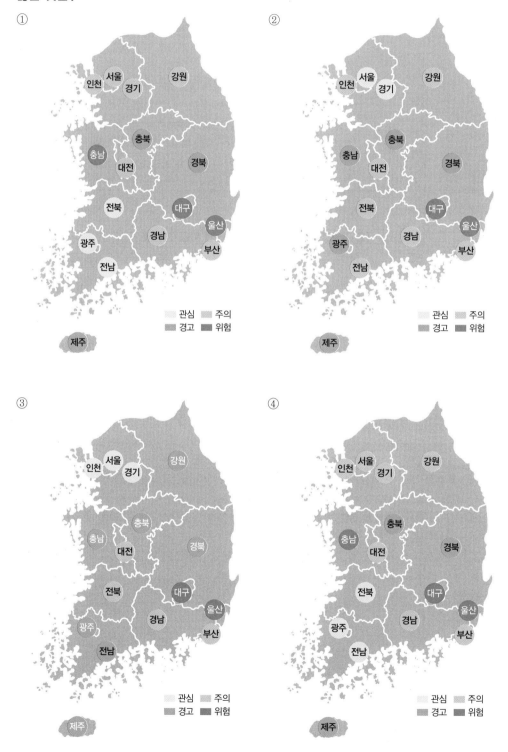

⑤

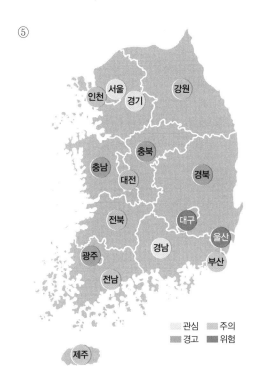

관심　주의
경고　위험

[10~11] 다음은 ○○은행의 A제도 변경에 관한 안내문이다. 이를 바탕으로 이어지는 물음에 답하시오.

○○은행 A제도 변경 안내

항상 ○○은행을 이용해 주시는 고객님께 감사드립니다.

2025년 7월 1일자로 ○○은행 가족고객의 선정기준, 등급별 평가점수, 우대서비스가 변경되어 안내드립니다.

○○은행을 이용해주시는 우수고객님들께 보다 나은 서비스로 보답할 것을 약속드립니다.

■ 거래실적 산정방법

구분	평가 항목	기준금액	배점	
			현행	변경
수신	입출식 최근 3개월 평잔	10만 원당	7점	10점
	MMDA 최근 3개월 평잔		7점	6점
	적립·거치식 예금 최근 3개월 평잔		1점	2점
수익증권	수익증권 최근 3개월 평잔		5점	8점
	MMF 최근 3개월 평잔		5점	2점
신탁	신탁 최근 3개월 평잔		5점	6점
	MMT 최근 3개월 평잔		5점	2점
여신	신용대출 최근 3개월 평잔		3점	4점
	담보대출 최근 3개월 평잔		3점	3점
보험(공제)	보장성 보험료(공제료) 누계		5점	1점
	저축성 보험료(공제료) 누계		2점	2점
방카	적립식 보험료 누계		5점	6점
	거치식 보험료 누계		2점	2점
카드	신용구매 : 최근 3개월 결제 실적(체크카드 포함)		5점	10점
외환	3개월 환전(TC매도, 외화수표매입 포함) 실적	100불당	2점	10점
	최근 3개월 송금(무역/타발) 실적		2점	5점
고객정보	7개 고객정보	1개당	2점	2점
교차판매	14개 상품군	1개당	10점	10점
거래기간	고객원장 등록일 기준	1년당	7점	7점
결제계좌	자동이체 당행 결제계좌 등록	1건당	10점	10점
	신용카드 당행 결제계좌 등록		40점	40점
세대등록정보	세대주(원) 등록 시 세대주에 한함(단, 단독 세대주 제외)		20점	20점

■ 산정기준

구분		탑클래스	골드	로열	그린		블루
현행	배점(점)	10,000	4,000	2,000	1,000	3,000	800
	금융자산 (만 원)	5,000	1,000	500	100	–	–
변경	배점(점)	15,000	6,000	3,000	1,200		900
	금융자산 (만 원)	폐지					

10 다음 중 거래실적 변경으로 인하여 거래실적 산정 시 불이익을 보게 되는 경우는?

① 적립식 예금 이용자 ② 수익증권 이용자
③ 신용대출자 ④ 보장성 보험 가입자
⑤ 최근 3개월 환전 이용자

11 다음 중 안내문을 바탕으로 산정한 K고객의 현행 등급과 변경 등급이 바르게 연결된 것은?

K고객의 거래 내용

• 입출식 예금 3개월 평균잔액 300만 원
• 거치식 예금 3개월 평균잔액 2,000만 원
• 수익증권 3개월 평균잔액 3,000만 원
• 3개월 환전 3,000불

	현행	변경
①	그린	그린
②	그린	로열
③	로열	골드
④	로열	그린
⑤	로열	로열

[12~13] 다음은 A대학의 영역별 교양과목과 이수 조건이다. 자료를 바탕으로 이어지는 물음에 답하시오.

A대학 교양과목 이수 기준

교양과목은 4개 영역 중 소속계열 영역을 제외한 3개 영역에서 1과목씩 총 3과목을 이수해야 한다. 단, 3과목 중 최소한 1개 이상의 필수과목을 반드시 이수해야 한다.

■ 소속계열별 제외 영역

소속계열	학과	제외 영역
공과대	기계공학, 전자공학, 화학공학, 생명공학, 신소재공학	자연과 과학
자연과학대	수학, 물리학, 화학, 생명과학	
경영대	경영학, e비즈니스학	인간과 사회
인문대	국어국문학, 영어영문학, 중어중문학, 사학*, 철학, 법학	문학과 예술
사회과학대	경제학, 행정학, 심리학, 정치외교학, 사회학	인간과 사회

※ 단, 사학과는 역사와 철학 영역을 제외함

■ 영역별 교양과목 시간표

영역	과목명	시간
역사와 철학	고대 문명사	화, 목 12:00~13:15
	과학과 철학	월, 수 09:00~10:15
	역사란 무엇인가*	월, 수 10:30~11:45
	현대사회의 윤리	화, 목 13:30~14:45
	논리란 무엇인가*	월, 수 15:00~16:15
문학과 예술	동양고전의 이해	월, 수 10:30~11:45
	미술의 세계	화, 목 09:00~10:15
	예술이란 무엇인가*	월, 수 12:00~13:15
	영상문학기행	화, 목 12:00~13:15
	언어란 무엇인가*	월, 수 13:30~14:45
인간과 사회	인권과 헌법*	월, 수 09:00~10:15
	현대의 시민생활과 법	월, 수 10:30~11:45
	현대인의 정신건강	화, 목 15:00~16:15
	교육이란 무엇인가*	화, 목 10:30~11:45
	한국사회의 현실과 쟁점	월, 수 12:00~13:15
자연과 과학	과학사	화, 목 13:30~14:45
	생물학이란 무엇인가*	화, 목 09:00~10:15
	현대 물리의 이해	월, 수 15:00~16:15
	현실세계와 통계	화, 목 10:30~11:45
	컴퓨터란 무엇인가*	화, 목 15:00~16:15

※ * : 필수과목

12 A대학 행정 조교로 근무하는 K씨는 교양과목 시간표를 바탕으로 5개 강의실에 수업을 배정하려 한다. 다음 중 조정이 필요한 강의실은?

	강의실	배정 과목
①	2906	과학과 철학, 논리란 무엇인가, 미술의 세계, 현대인의 정신건강
②	2724	고대 문명사, 언어란 무엇인가, 한국사회의 현실과 쟁점, 현실세계와 통계
③	2317	예술이란 무엇인가, 인권과 헌법, 생물학이란 무엇인가, 현대 물리의 이해
④	2408	역사란 무엇인가, 현대의 시민생활과 법, 교육이란 무엇인가, 과학사
⑤	2513	동양고전의 이해, 현대사회의 윤리, 영상문학기행, 컴퓨터란 무엇인가

13 A대학에 입학한 신입생 5명의 학과가 다음과 같다. 수강 신청한 과목이 교양과목 이수 조건을 충족하는 경우는?

성명	김하윤	정민아	이진수	강은석	유혜미
학과	경영학	철학	생명공학	사학	심리학

① 김하윤 : 고대 문명사, 과학사, 생물학이란 무엇인가
② 정민아 : 과학과 철학, 언어란 무엇인가, 현실세계와 통계
③ 이진수 : 현대사회의 윤리, 동양고전의 이해, 한국사회의 현실과 쟁점
④ 강은석 : 논리란 무엇인가, 미술의 세계, 인권과 헌법
⑤ 유혜미 : 역사란 무엇인가, 영상문학기행, 현대 물리의 이해

[14~15] T에이전시는 소속 작가의 작품을 모아 전시회를 개최하려 한다. 전시회 장소는 A회관으로 결정하였다. A회관의 대관료 안내와 전시실 예약 현황을 바탕으로 이어지는 물음에 답하시오.

A회관 대관료

■ 전시실 기본 사용료

구분	면적	대관료	추가 요금(1시간당)
제1전시실	400m²	350,000원	50,000원
제2전시실	250m²	250,000원	40,000원
제3전시실	120m²	150,000원	20,000원

※ 사용료는 전시장 운영시간 오전 11시부터 오후 6시까지 7시간을 기준으로 합니다.
※ 전시 준비 또는 작품 철수 등을 위해 기준시간(09:00~18:00) 외 추가로 전시실을 사용해야 하는 경우, 추가 사용료는 1시간을 기본 단위로 합니다.

■ 부대설비 사용료(1일 사용 기준)

품명		사용료	비고
외벽 현수막 게시	4.5×5m	20,000원	1면당 사용료
	6×6m	45,000원	
항온항습 설비	6~9월	80,000원	각실 개별 가동
	10~5월	50,000원	

〈11월 1~2주 전시실 예약 현황〉

□ 대관 가능 ☑ 대관 완료

일	월	화	수	목	금	토
1 제1전시실□ 제2전시실☑ 제3전시실☑	2 제1전시실☑ 제2전시실☑ 제3전시실□	3 제1전시실□ 제2전시실□ 제3전시실☑	4 제1전시실☑ 제2전시실□ 제3전시실☑	5 제1전시실□ 제2전시실☑ 제3전시실☑	6 제1전시실☑ 제2전시실□ 제3전시실□	7 제1전시실□ 제2전시실☑ 제3전시실□
8 제1전시실☑ 제2전시실□ 제3전시실☑	9 제1전시실☑ 제2전시실□ 제3전시실□	10 제1전시실☑ 제2전시실□ 제3전시실□	11 제1전시실☑ 제2전시실☑ 제3전시실□	12 제1전시실☑ 제2전시실□ 제3전시실☑	13 제1전시실□ 제2전시실☑ 제3전시실☑	14 제1전시실□ 제2전시실☑ 제3전시실□

14 T에이전시는 전시회를 이틀간 개최할 예정이며, 이틀 중 하루는 반드시 주말이 포함되어야 한다. 전시 규모가 크지 않아 면적은 작아도 무방하다. 비용 측면을 고려할 때 대관할 날짜와 장소로 가장 적절한 것은?

	대관 날짜	장소
①	3~4일	제2전시실
②	6~7일	제3전시실
③	8~9일	제2전시실
④	9~10일	제3전시실
⑤	13~14일	제1전시실

15 T에이전시는 앞서 계획한 일정에 따라 전시회 첫날 오전 7시부터 준비하고, 전시회가 끝난 다음에는 오후 6시부터 9시까지 철수 작업을 할 계획이다. 아울러 외벽에 6×6m 크기의 현수막을 게시하고, 항온항습 설비도 가동하려 한다. T에이전시가 전시회를 개최하며 A회관에 지불해야 할 금액은 총 얼마인가?

① 590,000원   ② 630,000원

③ 690,000원   ④ 730,000원

⑤ 770,000원

16 다음 글을 근거로 판단할 때 옳지 않은 것은?

> 어느 월(1일~말일)에 18일 이상 근무한 근로자에게 1일의 유급휴일을 부여하며, 이를 '월차'라 한다. 월차는 발생 다음 월부터 같은 해 말일까지 사용할 수 있으며, 합산하여 사용할 수도 있다. 다만 해당 연도의 월차는 그 다음 해로 이월되지 않는다.
> 해당 연도 마지막 월까지 사용하지 않은 월차는 그 해 마지막 월의 급여 지급일에 월차 1일당 1일분의 급여로 지급하는데, 이를 '월차수당'이라 한다. 근로자가 퇴직하는 경우, 퇴직일까지 사용하지 않은 월차는 퇴직일에 월급여와 함께 월차수당으로 지급한다. 다만 매년 12월 또는 퇴직한 월의 근무로 인해 발생한 월차는 유급휴일로 사용할 수 없고, 월차수당으로만 지급한다.

① A가 6월 20일부터 근무했다면, 6월분에 해당하는 월차는 부여받지 못한다.

② B가 2월 1일에 입사한 후 6월 30일까지 매달 만근하였다면 B는 7월에 5일간 월차를 쓸 수 있다.

③ C가 6월부터 12월까지 매달 18일 이상 근무하였고 중간에 5개의 월차를 사용했다면, 12월 급여분에 2일분의 월차수당이 지급된다.

④ D가 2025년 11월 1일부터 2026년 5월 31일까지 만근하였고, 월차를 하나도 사용하지 않은 채 퇴직한다면, 퇴직일에 7일분의 월차수당을 지급받는다.

⑤ E가 2025년 1월부터 12월까지 매달 18일 이상 근무한다면, 최대 11개의 월차를 사용할 수 있다.

[17~18] 다음은 한 대학의 논문 심사 기준이다. 물음에 답하시오.

평가 지표	평가 내용	배점
창의성	연구의 주제가 참신하고 독창적인가?	15
목적 및 필요성	연구 목적과 필요성이 명확하게 기술되었는가?	15
연구의 적절성	연구 문제가 연구 목표를 달성할 가능성이 있는가?	10
연구의 구체성	연구 목적을 달성하기 위한 연구의 주요 내용이 구체적으로 제시되었고, 연구 주제와 일치하는가?	15
연구 방법의 타당성	연구 주제에 적합한 연구 방법인가?	10
연구 수행 체제	목표 달성을 위한 연구 과정이 체계적이고 구체적인가?	15
결과 및 기대효과	연구의 결과와 기대효과가 잘 나타나 있는가?	10
참고문헌	주제와 관련된 문헌이 잘 조사되고, 적절히 인용되었는가?	10
합계		100

17 논문 심사를 통과하기 위해서는 최소 85점 이상을 받아야 한다. 대학원생 A의 평가 결과가 다음과 같을 때, A가 연구의 구체성에서 획득해야 하는 최소 점수는?

창의성	목적 및 필요성	연구의 적절성	연구의 구체성	연구 방법의 타당성	연구 수행 체제	결과 및 기대효과	참고문헌
12	13	8	?	9	14	8	10

① 10점 ② 11점
③ 12점 ④ 13점
⑤ 14점

18 갑, 을, 병, 정은 이번 학기 논문 심사 대상자이다. 갑, 을, 병 3명의 평균이 93점이고, 다음의 〈조건〉을 따를 때, 정의 심사 점수는 몇 점인가?

〈조건〉
• 갑은 창의성과 연구의 구체성, 참고문헌에서 각각 2점씩을, 연구 방법의 타당성에서 3점을 깎았고, 나머지 항목에서는 만점을 받았다.
• 을은 배점이 15점인 항목에서는 모두 만점을 받았으나 나머지 항목에서 전부 2점씩 깎았다.
• 병의 심사 점수는 정보다 2점 높다.
---

① 91점 ② 92점
③ 93점 ④ 94점
⑤ 95점

19 다음은 직장 내 예절 교육 자료 중 인사 예절 관련 내용을 정리한 것이다. 교육 자료 내용에 비추어 볼 때 적절한 행동을 취했다고 볼 수 없는 것은?

■ 다양한 상황에서의 인사 예절
  • 복도, 계단에서 인사하기
    – 상사나 손님을 만났을 때 걸음을 멈출 필요는 없으며, 한쪽 옆으로 비키면서 가볍게 목례
    – 상사나 손님이 계단 아래쪽에서 올라올 때는 3~4계단 위에서 인사를 함
  • 통화 중일 때 인사하기
    – 중요한 통화 중에 눈을 마주쳤을 경우 미소와 함께 가볍게 목례
    – 통화 중인 상대방에게 잠시 양해를 구하고 인사를 함
  • 엘리베이터 안에서 인사하기
    – 가벼운 목례와 함께 사람들에게 방해되지 않을 정도의 목소리로 간단한 인사말을 건넴
    – 상사가 먼저 엘리베이터를 타고 있는 경우에는 간단히 목례만 하고 탐
■ 인사 종류와 방법

가벼운 인사	보통의 인사	정중한 인사
상체를 15도 정도 숙임	상체를 30도 정도 숙임	상체를 45도 정도 숙임
– 자주 만날 때 – 물건을 주고받을 때	– 고객 맞이 – 배웅 시	– 감사 또는 사죄 – 첫 만남

① 엘리베이터에 타고 있던 A사원은 다음 층에서 상사인 B과장이 타자 작은 목소리로 "안녕하세요, B과장님."하고 인사하였다.

② 출장비 정산 건으로 담당자와 통화 중이던 C대리는 옆을 지나가는 D과장과 눈이 마주치자 웃으며 가볍게 고개를 숙여 인사하였다.

③ 신규계약 체결 건과 관련하여 거래처 직원과의 첫 미팅 자리에서 E대리는 거래처 직원 F대리에게 "안녕하세요. ○○사 E대리입니다."라고 말하며 정중하게 인사하였다.

④ 계단을 내려가던 G주임은 아래쪽에서 올라오던 H부장을 발견하고 바로 걸음을 멈춘 뒤 인사하였다.

⑤ J사원은 K과장이 출력을 요청한 문서를 전달하면서 가볍게 몸을 숙여 인사하였다.

다음 자료와 〈예시〉를 참고할 때 〈상황〉의 A씨 가족이 배상받는 총 금액은 얼마인가?

층간소음 수인한도와 최고소음도 기준은 다음과 같다.

구분	주간	야간
수인한도	1분 평균 40dB(A)	1분 평균 35dB(A)
최고소음도	55dB(A)	50dB(A)

층간소음 측정 결과 수인한도를 초과할 경우 피해자는 다음의 기준에 따라 배상금을 지급받을 수 있다.

피해기간	5dB(A) 미만 초과	5dB(A) 이상~ 10dB(A) 미만 초과	10dB(A) 이상~ 15dB(A) 미만 초과
6개월 이하	312,000원	520,000원	741,000원
1년 이하	442,000원	663,000원	884,000원
2년 이하	585,000원	793,000원	1,014,000원
3년 이하	663,000원	884,000원	1,092,000원

※ 층간소음 배상액은 1인 기준
※ 수인한도와 최고소음도를 모두 초과하거나 주·야간 모두 초과한 경우 30%의 배상금 가산
※ 피해자 중 환자, 1세 미만 유아, 수험생 등이 포함될 경우 20%의 배상금 가산

〈예시〉

주간과 야간 모두 수인한도를 3dB(A) 초과하는 층간소음이 5개월간 발생했을 때 환자인 피해자가 받는 배상금은 312,000+312,000×0.3+312,000×0.2=468,000원이다.

〈상황〉

아내, 수험생 아들, 초등학생 딸과 함께 사는 A씨는 최근 1년간 층간소음에 시달렸다. 층간소음 측정 결과 주간에는 47dB(A), 야간에는 35dB(A)의 소음이 발생하였고, 최고소음도는 주간 60dB(A), 야간 45dB(A)로 나타났다.

① 2,784,600원
② 2,808,000원
③ 3,447,600원
④ 3,580,200원
⑤ 3,712,800원

규칙

CHAPTER 05

SECTION 01 핵심 이론

1. 유형 파악하기

① 일상생활에서 실제로 접할 수 있는 규칙들과 실제로는 접하기 어렵지만 상상 속에서 가능한 규칙들이 제시되는 문제 유형

② 상상 속에서 가능한 규칙이 주어진 유형의 문제는 상대적으로 어렵게 느껴짐

2. 문제 접근하기

① **직접 대입하여 수치 구하기** : 주어진 규칙이 상대적으로 덜 복잡하며, 계산을 이용하는 것이 빠를 경우 등에 적용

② **규칙의 구조를 이용하여 정오 판별** : 주어진 규칙을 이용하면 계산이 필요 없을 것 같은 경우 등에 적용

③ 규칙이 복잡하고 난해한 경우에는 예를 제시해주는 경우도 있는데 이런 경우에는 제시된 예를 이용해 규칙을 직관적으로 파악할 수 있음

④ 상상 속에서 가능한 규칙이 주어진 유형의 문제는 논리적 추론과정 없이 규칙만 따라가면 풀리는 경우가 대다수

01 다음은 한 기업의 **본사와 지사 A~D의 거리를 나타낸** 그림이다. 본사 직원 R씨는 지사를 들러 다시 본사로 돌아와야 한다. **최단 거리로 이동할 때 해당 경로는 총 몇** km인가?(단, 중간에 본사는 거쳐 가지 않는다.) [한국남동발전]

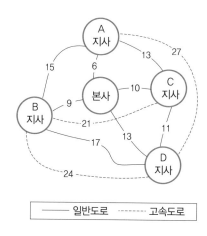

① 54km
② 56km
③ 59km
④ 61km

단계별 문제 풀이

STEP 01 지점 간 여러 경로로 연결된 그림에서 **최단 경로를** 찾는 유형이다.

STEP 02 기준 지점에서 다른 지점으로 넘어갈 때 **가장 가까운 경로를** 선택하는 방식으로 답을 찾는다.

정답 찾기

A와 D, B와 C처럼 상대적으로 멀리 떨어진 곳은 곧바로 이동하지 않는 방법으로 경우의 수를 줄인다. 본사에서 각 지사를 연결한 후 해당 지사에서 연결되는 지사 중 가장 가까운 곳을 선택하는 방식으로 경우의 수를 정리하면 다음과 같다.

• 본사-A-C-D-B-본사 : 6+13+11+17+9=56
• 본사-B-A-C-D-본사 : 9+15+13+11+13=61
• 본사-C-D-B-A-본사 : 10+11+17+15+6=59
• 본사-D-C-A-B-본사 : 13+11+13+15+9=61

따라서 최단 거리 경로는 56km이다.

정답 | ②

02 카페를 운영하는 L씨는 날씨에 따라 품목별 판매량에 차이가 있다는 것을 알게 되었다. 다음 주 날씨예보를 볼 때 가장 많이 판매될 것으로 예측되는 품목은? [한국철도공사]

<표 제목="〈날씨별 음료 판매량〉">

구분	아메리카노	카페라테	생과일주스	밀크티	스무디
맑음	★★	★	★★	★	★★★
흐림	★★	★★	★	★	★
비	★★	★★	★	★★	★

※ 별 개수가 많을수록 판매량이 많다.

〈다음 주 날씨예보〉

월	화	수	목	금	토	일
비	맑음	맑음	맑음	흐림	비	맑음

① 아메리카노
② 카페라테
③ 생과일주스
④ 밀크티
⑤ 스무디

단계별 문제 풀이

STEP 01 ▶ 날씨에 따라 판매되는 품목에 차이가 있으며, 다음 주 날씨예보를 참고해 가장 많이 판매될 것 같은 품목을 고르는 문제이다.

STEP 02 ▶ 별 개수와 음료별 판매량은 비례하므로, 음료별 판매량을 숫자로 환산하여 답을 찾는다.

정답 찾기

주중 맑은 날이 4일, 흐린 날은 1일, 비가 오는 날은 2일이다. 별 개수와 음료별 판매량은 비례하므로 음료별 판매량을 숫자로 환산하면 다음과 같다.
• 아메리카노 : $2×4+2×1+2×2=14$
• 카페라테 : $1×4+2×1+2×2=10$
• 생과일주스 : $2×4+1×1+1×2=11$
• 밀크티 : $1×4+1×1+2×2=9$
• 스무디 : $3×4+1×1+1×2=15$
따라서 다음 주에 가장 많이 팔릴 것으로 예상되는 품목은 스무디이다.

> **Tip**
>
> 전체를 다 계산해보지 않아도 생과일주스와 밀크티는 별 개수가 적으므로 다른 품목과 비교할 때 더 적게 팔림을 알 수 있다.

정답 | ⑤

01 다음 메뉴와 요일별 선호도를 고려하여 회식 일정을 잡으려고 한다. 메뉴와 요일 조합 중 선호도가 세 번째로 높은 조합은?

- 메뉴 선호도

한식	중식	일식	양식
4.0	3.0	3.5	2.5

- 요일 선호도

월요일	화요일	수요일	목요일	금요일
1.0	2.2	2.4	3.2	1.8

① 한식+수요일

② 한식+화요일

③ 일식+목요일

④ 일식+수요일

⑤ 중식+목요일

02 알파벳 a, e, i, o, u, v, w, x, y, z와 숫자 1, 2, 3, 4, 5를 조합하여 8자리의 암호 코드를 만들려고 한다. 다음 〈조건〉을 따라 암호를 생성할 때 적절한 것은?

〈조건〉
- 알파벳과 숫자는 중복으로 사용할 수 없다.
- 자음과 모음, 숫자는 각각 1개 이상 사용해야 한다.
- 숫자는 연달아 올 수 없다.
- 자음 뒤에는 숫자가 올 수 없다.
- 1번째 자리에는 모음을 쓸 수 없다.
- 8번째 자리에는 알파벳을 쓴다.

① 1o2ue3ai

② vea1xe2y

③ yx4eai3u

④ 2wyzi5ae

⑤ uvoxa4z1

03 다음은 서울지역 버스의 권역별 번호를 나타낸 자료이다. 이에 대한 반응으로 적절하지 않은 것은?

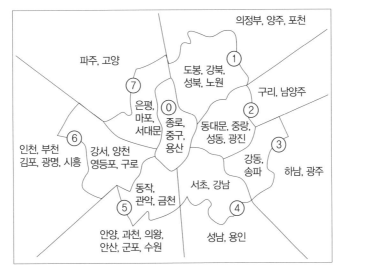

- 권역별 번호

- 버스 종류별 번호 체계

버스 구분			번호 구성
간선버스	파랑버스	3자리	출발권역+도착권역+일련번호(0~9)
지선버스	초록버스	4자리	출발권역+도착권역+일련번호(11~99)
광역버스	빨강버스	4자리	9+경기도 출발권역+일련번호(00~91)

① 153번 버스의 출발지는 도봉구, 강북구, 성북구, 노원구 중 한 곳일 거야.

② 양천구에서 중구까지 가는 일련번호 2번 간선버스는 602번이겠구나.

③ 3212번 버스의 도착권역은 강동구 혹은 송파구겠어.

④ 9401번 버스는 성남ㆍ용인 쪽에서 출발하는 빨간색 버스야.

⑤ 1111번 버스는 출발권역과 도착권역이 동일하구나.

04 다음 설명을 바탕으로 가장 멀리 떨어진 지역의 조합을 고르면?(단, 도시 간 거리는 직선상의 거리만을 고려한다.)

- A는 D에서 정동쪽으로 5km 떨어져 있다.
- B는 C에서 정북쪽으로 15km 떨어져 있다.
- E는 A에서 정남쪽으로 10km 떨어져 있다.
- F와 E, B는 순서대로 일직선상에 위치하고, F는 B에서 정서쪽으로 30km 떨어져 있다.
- B에서 E까지의 거리는 B에서 C까지의 거리보다 멀다.

① A – F
② B – D
③ C – D
④ C – F
⑤ D – E

[05~06] S사 K팀장은 팀원들을 대상으로 업무 평가를 실시하였다. 갑~정 중 가장 좋은 평가를 받은 사람은 특별 승진 대상자로 지정되고, 두 번째로 좋은 평가를 받은 사람에게는 성과급이 주어진다. 다음 평가 내역을 바탕으로 물음에 답하시오.

- 업무 평가는 크게 역량과 태도 부문으로 나뉘며, A(3점), B(2점), C(1점)로 평가한 뒤 점수를 합산한다.
- 합산 점수에서 동점자가 발생할 경우 평가 결과에 C가 없는 사람을 우선한다.

〈업무 평가 결과〉

구분	역량			태도	
	업무지식	정보활용	응용력	책임감	성실성
갑	B	A	B	A	B
을	A	C	B	B	A
병	C	A	C	B	A
정	A	B	A	C	A

05 위 내용을 토대로 할 때, 승진 및 성과급 대상자가 바르게 연결된 것은?

	승진 대상자	성과급 대상자
①	갑	을
②	갑	정
③	병	을
④	정	갑
⑤	정	병

06 K팀장이 보고한 평가내역을 본 상사가 다음과 같이 평가 방식을 수정할 것을 지시하였다. 변경된 방법을 적용할 때, 승진 및 성과급 대상자가 바르게 연결된 것은?

> 상사 : 주요 항목에 가중치를 두는 게 좋겠어. 업무지식과 성실성에 각각 50%의 가중치를 적용하여 계산한 결과를 토대로 대상자를 결정하게. 동점자가 나올 경우에는 가중치 항목의 점수가 더 높은 사람으로 선정토록 하고.

	승진 대상자	성과급 대상자
①	갑	정
②	을	갑
③	을	병
④	정	갑
⑤	정	을

07 G사원은 현장 파견 근무로 근처 편의점에서 점심을 먹으려고 하는데, 6,000원 내의 비용으로 해결하려고 한다. 제시된 자료를 바탕으로 다음 중 열량이 가장 높은 조합의 식사를 고르면?(단, 식사류와 음료류를 각각 하나 이상은 섭취해야 한다.)

〈D편의점 음식 가격 및 열량 정보〉

• 식사류

구분	치킨버거	도시락	조각피자	삼각김밥	핫도그
가격(원)	2,300	3,600	2,900	1,800	2,500
열량(kcal)	330	410	370	300	280

• 음료류

구분	아메리카노	콜라	사과주스	검은콩차
가격(원)	1,400	1,600	2,100	1,500
열량(kcal)	110	210	190	80

〈세트 할인 정보〉
• 치킨버거 or 조각피자+콜라 구입 시 10% 할인(타 상품 적용 안 됨)
• 핫도그+아메리카노 구입 시 아메리카노 1병 추가 증정
• 도시락 구입 시 사과주스 1,000원 할인
• 삼각김밥+검은콩차 구입 시 삼각김밥 1개 1,000원에 추가 구입 가능

① 도시락+삼각김밥+사과주스 ② 치킨버거 2개+콜라
③ 조각피자+콜라+삼각김밥 ④ 삼각김밥 2개+검은콩차+콜라
⑤ 핫도그+아메리카노+삼각김밥

[08~09] 다음은 P부품을 생산하는 A~E공장의 가동시간과 생산 가능 수량이다. 내용을 바탕으로 이어지는 물음에 답하시오.

• 공장별 실제 가동시간 및 가능 가동시간

(단위 : 시간/월)

구분	A	B	C	D	E
실제 가동시간	300	160	250	400	520
가능 가동시간	400	200	300	500	600

• 공장별 부품 생산 가능 수량

(단위 : 개/시간)

A	B	C	D	E
30	20	40	30	20

08 실가동률이 가장 높은 공장에서 1달 동안 P부품을 생산할 수 있는 최대 개수는?(단, 실가동률은 $\dfrac{\text{실제 가동시간}}{\text{가능 가동시간}} \times 100$이다.)

① 10,000개 ② 10,400개
③ 12,000개 ④ 13,500개
⑤ 15,000개

09 P부품으로 완제품을 생산하는 Q사는 실제 가동시간 기준으로 1달 동안 가장 많은 부품을 생산할 수 있는 공장과 납품 계약을 체결하려 한다. Q사가 계약을 체결할 공장은?

① A ② B
③ C ④ D
⑤ E

10 다음은 ○○시 지하철 노선도의 일부를 도식화한 것이다. 자료를 참고했을 때, A역에서 F역까지 이동하는 데 소요되는 최단 시간은?

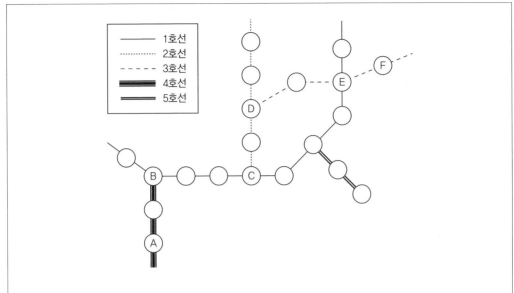

⟨○○시 지하철 운행 정보⟩

• 역과 역 사이의 운행 소요 시간

1호선	2호선	3호선	4호선
3분	1분 30초	1분	3분

• 환승 소요 시간

B역	C역	D역	E역
5분	3분	6분	3분

※ 정차 시간, 승차 대기 시간, 연착 등 기타 소요 시간은 없는 것으로 가정한다.

① 35분   ② 35분 30초
③ 36분   ④ 36분 30초
⑤ 37분

11 A, B, C, D 4명이 빨강, 파랑, 노랑, 초록색의 기둥에 고리를 던져 거는 게임을 하고 있다. 다음 내용을 참고할 때, 참이 될 수 없는 것은?(단, 고리는 무조건 어느 한 기둥에 걸린다.)

- 4명은 각각 3개의 고리를 가지고 있으며, 고리 1개당 1번만 던진다.
- 한 기둥에 여러 개의 고리를 걸 수 있다.
- 기둥의 색깔에 따라 점수를 획득하며, 만약 기둥과 같은 색의 고리를 걸면 원래 점수보다 2점을 더 받는다.
- 초록 고리를 빨간 기둥에 걸면 총점에서 2점을 감점하고, 노란 고리를 파란 기둥에 걸면 총점에서 1점 감점한다.
- 기둥은 다음과 같이 배치되어 있다.

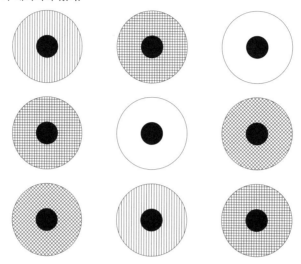

⬚ 빨강 ⬚ 파랑 ⬚ 노랑 ⬚ 초록

- 기둥 색깔별 점수는 다음과 같다.

빨강	파랑	노랑	초록
1점	3점	5점	7점

- 4명이 보유한 고리는 다음과 같다.

A	B	C	D
빨강 2개, 초록 1개	파랑 2개, 노랑 1개	빨강 1개, 노랑 2개	파랑 1개, 노랑 1개, 초록 1개

① A가 보유한 고리를 같은 색의 기둥에 걸었다면 15점을 획득한다.
② B와 C가 받을 수 있는 최고점은 21점으로 같다.
③ 모두가 파란 기둥에만 고리를 걸었다면 1등은 B이다.
④ A와 C가 모두 빨간 기둥에 고리를 걸면 두 사람의 점수는 다르다.
⑤ D가 세로 방향으로 가운데 기둥에 고리를 하나씩 걸었다면 최저점은 11점이다.

12 김 사원은 공적마스크를 구입하였다. 제시된 정보를 참고할 때, 김 사원의 출생연도 끝자리 및 공적마스크 구입 가능 날짜로 알맞은 것은?

- 3월 9일 월요일부터 공적마스크는 주 1회 구입할 수 있다.
- 김 사원은 판매 첫 주 평일에 공적마스크를 구입하였고, 36일 후에 공적마스크를 다시 구입했다.
- 공적마스크 5부제는 출생연도의 끝자리에 따라 구입 가능한 요일이 다르다. 월요일은 1, 6년생, 화요일은 2, 7년생, 수요일은 3, 8년생, 목요일은 4, 9년생, 금요일은 5, 0년생, 토/일은 출생연도 끝자리에 관계없이 주중에 못 산 사람 누구나 구입할 수 있다.

	출생연도 끝자리	공적마스크 구입 가능 날짜
①	0	4월 21일
②	5	5월 8일
③	6	5월 12일
④	7	5월 14일
⑤	9	5월 15일

13 다음 그림에서 인접한 두 영역의 색이 겹치지 않게 A부터 J까지 모든 영역을 색칠할 때 필요한 색깔은 최소 몇 개인가?

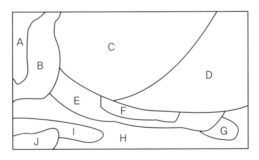

① 2가지 ② 3가지
③ 4가지 ④ 5가지
⑤ 6가지

14 다음 글을 참고할 때, 빈칸 ㉠에 들어갈 숫자로 알맞은 것은?

> 책을 일반 상품으로 간주할 때에는 ISBN을 KAN으로 변형해야 한다. 이때 KAN에서 통상적으로 사용되는 앞의 세 자리 국가 코드 대신 978을 붙인다. 그 다음에 체크숫자를 제외한 ISBN의 앞 아홉 자리 숫자를 붙인 후, KAN 방식에 의해 체크숫자를 정한다. 예를 들어 ISBN이 890007248인 경우 978을 추가하여 978890007248을 만든 후 KAN 방식에 의해 마지막 자리의 체크숫자를 구한다.
>
> > 홀수 번째 자릿수의 합+(3×짝수 번째 자릿수의 합)+체크숫자 → 10의 배수
>
> 이 공식에 의하면 마지막 체크숫자는 (㉠)이다.

① 0 ② 3
③ 7 ④ 8
⑤ 9

15 새로 이사한 백 대리의 집 약도는 다음과 같다. 〈설명〉을 참고할 때 B~F지점의 이름을 순서대로 바르게 연결한 것은?(단, 각 지점을 연결하는 선은 포장도로를 의미한다.)

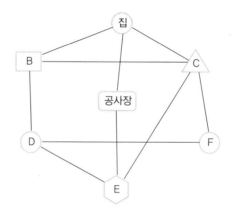

〈설명〉
1. 집에서 우체국까지 직접 연결된 포장도로는 없다.
2. 은행은 세 군데 지점과만 포장도로가 직접 연결되어 있다.
3. 목욕탕은 집, 편의점, 교회 세 군데 지점과만 직접 연결된 포장도로가 있다.
4. 우체국에서는 포장도로를 이용하여 교회만을 거쳐 집으로 갈 수 있다.

① 은행 – 편의점 – 교회 – 목욕탕 – 우체국
② 목욕탕 – 편의점 – 교회 – 은행 – 우체국
③ 은행 – 편의점 – 우체국 – 교회 – 목욕탕
④ 목욕탕 – 교회 – 편의점 – 은행 – 우체국
⑤ 은행 – 우체국 – 교회 – 편의점 – 목욕탕

CHAPTER 06 경비 계산 및 스포츠 경기

SECTION 01 핵심 이론

1. 유형 파악하기

① **경비 계산 문제** : 조건을 적용하여, 상황별 경비를 계산하는 유형. 이 유형은 수리능력과도 유관하며 출장비나 수당, 대관비 등의 소재가 자주 출제됨

② **스포츠 경기 문제** : 규칙을 적용하여 승점 계산하기, 동점자 처리하기 등의 유형으로 출제됨

2. 문제 접근하기

① **경비 계산 문제**

    ㉠ 복잡한 수식 및 문제는 편의를 위해 간단하게 정리하거나 그림을 통해 판단함

    ㉡ 단위는 통일 후 문제 풀이하는 것을 추천

② **스포츠 경기 문제**

    ㉠ 모든 참가팀의 경기 수가 동일하다면 모든 팀의 승수의 합은 패수의 합과 동일하며 무승부의 합은 항상 짝수가 되어야 한다는 점에 주의

    ㉡ 또한 득점의 합은 실점의 합과 동일

3. 필수 암기 이론

① **리그 경기 수** : 참가한 n개의 팀들이 모두 서로 한 번씩 경기를 하여 그중 가장 성적이 좋은 팀을 뽑는 경기 방식

$$_nC_2 = \frac{n(n-1)}{2}$$

② **토너먼트 경기 수** : 참가한 n개의 팀들이 2팀씩 경기를 하여 진 팀은 탈락하고, 이긴 팀만 다시 경기를 하는 과정을 반복하여 최종 우승팀을 뽑는 경기 방식

$$n-1$$

01 A사원은 회사 공용 차량을 이용하여 출장을 다녀오려고 한다. 다음을 참고하였을 때, 가장 비용이 적게 드는 차량과 가장 비용이 많이 드는 차량을 고르면? [한국전력공사]

- 서울 본사에서 출발하여 대전 지사를 들른 후 부산 지사로 간다. 돌아올 때는 서울 본사로 즉시 되돌아온다.
- 서울 본사에서 대전 지사까지는 162km, 대전 지사에서 부산 지사까지는 260km, 부산 지사에서 서울 본사까지는 396km이다.
- 서울에서 대전으로 가는 고속도로 통행료는 10,500원, 대전에서 부산까지의 고속도로 통행료는 13,900원, 부산에서 서울까지의 고속도로 통행료는 22,200원이다.
- 전기차, 수소차, 경차의 경우 고속도로 통행료의 50%를 할인받는다.
  ※ 단, 고속도로 통행료가 1,000원 이상일 경우에 한한다.
  ※ 출장을 다녀오는 데 드는 비용은 고속도로 통행료와 유류비(전기차 충전비)만 드는 것으로 가정한다.

〈회사 공용 차량별 연비 및 전비〉

구분	A(경차)	B(전기차)	C	D
사용 연료	휘발유	전기	경유	LPG
연비(km/l) 및 전비(km/kWh)	12	6	10	8

〈연료 및 전기차 충전 요금 정보〉

구분	휘발유	경유	LPG	전기차 충전
가격(l당, kWh당)	1,800원	1,600원	1,100원	180원

	최소 비용	최대 비용
①	A	B
②	A	D
③	B	A
④	B	C
⑤	C	D

차량별 출장을 다녀오는 데 드는 비용은 고속도로 통행료+유류비(전기차 충전비)이므로 이를 계산한다.

차량별로 연비 및 전비가 다르고 연료 및 전기차 충전 요금도 다르다는 점에 유의한다.

정답 찾기

출장 이동 거리는 162+260+396=818km이고, 통행료는 10,500+13,900+22,200=46,600원이다. 차량별 출장을 다녀오는 데 드는 비용을 계산하면 다음과 같다.

① A : 사용 연료는 휘발유이며, 연비는 12km/l이다. 또한 경차이므로 통행료는 50% 할인받는다.

$$\rightarrow \frac{818 \times 1,800}{12} + (46,600 \times 0.5) = 122,700 + 23,300 = 146,000원$$

② B : 전기차이며, 전비는 6km/kWh이다. 또한 전기차이므로 통행료는 50% 할인받는다.

$$\rightarrow \frac{818 \times 180}{6} + (46,600 \times 0.5) = 24,540 + 23,300 = 47,840원$$

③ C : 사용 연료는 경유이며, 연비는 10km/l이다.

$$\rightarrow \frac{818 \times 1,600}{10} + 46,600 = 130,800 + 46,600 = 177,480원$$

④ D : 사용 연료는 LPG이며, 연비는 9km/l이다.

$$\rightarrow \frac{818 \times 1,100}{8} + 46,600 = 112,475 + 46,600 = 159,075원$$

따라서 가장 비용이 적게 드는 차량은 B, 가장 비용이 많이 드는 차량은 C이다.

정답 | ④

02 다음 〈대진표〉와 〈경기규칙〉에 따라 ○○시 축구팀 토너먼트 경기가 진행된다고 할 때 〈보기〉에서 옳은 것만을 모두 고른 것은? [한국도로공사]

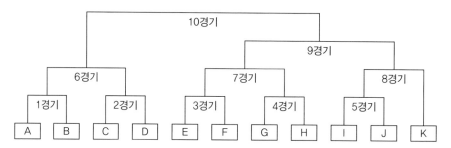

> **보기**
>
> ㄱ. 총 3번의 경기를 치러야 우승할 수 있는 자리에 배정될 확률보다 총 4번의 경기를 치러야 우승할 수 있는 자리에 배정될 확률이 더 낮다.
> ㄴ. 첫 번째 경기에서 승리하고 두 번째 경기 전까지 3일 이상 경기 없이 쉴 수 있는 자리는 6개이다.
> ㄷ. K자리에 배정될 경우 이틀 연속 경기를 하지 않으면서 최소한의 경기로 우승할 수 있다.

① ㄱ
② ㄴ
③ ㄷ
④ ㄱ, ㄴ
⑤ ㄴ, ㄷ

단계별 문제 풀이

STEP 01 대진표와 경기규칙이 주어지며, 이에 대한 옳은 설명을 찾는 문제이다.

STEP 02 주어진 규칙을 적용하여 답을 찾는다.
→ K에 배정될 경우 1라운드를 건너뛰고 2라운드에 진출하는 것에 주의한다.

정답 찾기

ㄴ. 첫 번째 경기에서 승리하고 두 번째 경기 전까지 3일 이상 경기 없이 쉴 수 있는 자리는 A, B, C, D, E, F로 6개이다.

오답 분석

ㄱ. 총 3번의 경기를 치러야 우승할 수 있는 자리는 A, B, C, D, K이고 총 4번의 경기를 치러야 우승할 수 있는 자리는 E, F, G, H, I, J이므로 총 3번의 경기를 치러야 우승할 수 있는 자리에 배정될 확률보다 총 4번의 경기를 치러야 우승할 수 있는 자리에 배정될 확률이 더 높다.
ㄷ. K자리에 배정될 경우 최소한의 경기로 우승할 수 있지만 그러기 위해서는 8경기를 승리한 이후 다음 날 곧바로 9경기를 치러야 한다.

정답 | ②

[01~02] 다음은 ○○에서 주최한 전북 사회인 축구팀 리그 결과이다. 다음을 보고 이어지는 물음에 답하시오.

〈전북 사회인 축구팀 리그 결과표〉

팀	경기 수	승점	승	무	패	득	실	차
A	4	−2	( )	0	( )	( )	5	−3
B	4	( )	( )	1	2	3	( )	−4
C	4	1	( )	( )	( )	( )	6	0
D	4	( )	3	( )	( )	11	( )	9
E	4	0	1	( )	( )	2	( )	( )

※ 각 팀은 나머지 네 팀과 각각 한 번씩 경기를 진행하였다.
※ 승점은 승리 1점, 무승부 0점, 패배 −1점을 획득한다.
※ 승점이 가장 높은 순서대로 1, 2위가 결승에 진출한다.

01 리그 결과에 대한 다음 〈보기〉의 설명 중 옳지 않은 것은 모두 몇 개인가?

보기

㉠ 결승에 진출하는 두 팀은 C와 D이다.
㉡ C팀은 E팀과 무승부를 기록했다.
㉢ 가장 많은 실점을 기록한 팀은 C팀이다.
㉣ A팀은 단 한 경기도 이기지 못했다.
㉤ D팀은 무승부를 기록한 경기가 없다.

① 0개
② 1개
③ 2개
④ 3개
⑤ 4개

02 앞선 결과에 대하여 승점의 획득 방식이 다소 불합리하다는 지적이 있었다. 이에 따라 운영위원회에서는 '승리 3점, 무승부 1점, 패배 0점'을 획득하는 것으로 승점 획득 방식을 변경하였다. 이 경우, 이전 방식과 비교하여 순위가 상승하게 되는 팀은?

① A
② B
③ C
④ E
⑤ 순위 변경 없음

03 다음은 A사의 국외 출장경비 사용 지침이다. A사 해외사업부 5명이 독일로 3박 4일 출장을 갈 경우 출장경비는 총 얼마인가?

〈국외 출장경비 사용 지침〉

- 국외 경비 총액은 특별한 사정이 없는 한 최소화하는 것을 원칙으로 하되, 대표이사의 승인을 받은 경우에는 예외로 할 수 있다.
- 항공료, 교통비, 숙박비 지급 규정은 1인을 기준으로 한다.
- 항공료 지급 규정(왕복)

미국	영국	독일	중국	일본
2,100,000원	2,750,000원	2,350,000원	800,000원	900,000원

- 교통비 지급 규정(1일)

미국	영국	독일	중국	일본
100,000원	110,000원	110,000원	70,000원	90,000원

- 숙박비 지급 규정(1박)

미국	영국	독일	중국	일본
300,000원	250,000원	270,000원	200,000원	300,000원

---

① 1,700만 원

② 1,800만 원

③ 1,900만 원

④ 2,000만 원

⑤ 2,100만 원

[04~05] K씨는 공기청정기를 구매하려 한다. 다음은 K씨가 구매하려는 모델의 백화점 판매가와 해당 제품을 판매하는 온라인 쇼핑몰 관련 정보이다. 내용을 바탕으로 이어지는 물음에 답하시오.

<구매 희망 모델 백화점 판매가>

모델명	가격
AZBE380	500,000원
AS309DW	900,000원

<온라인 쇼핑몰>

쇼핑몰	판매가		비고
	AZBE380	AS309DW	
A	470,000원	870,000원	배송비 무료
B	480,000원	850,000원	제품당 배송비 5,000원
C	460,000원	840,000원	배송비 30,000원
D	480,000원	890,000원	3% 할인쿠폰 적용 가능 배송비 10,000원
E	460,000원	860,000원	배송비 무료

PART 01
PART 02
PART 03

04 5개 쇼핑몰 중 비용이 가장 적게 드는 곳에서 AZBE380 모델 2대와 AS309DW 모델 1대를 구입하려 한다. 이때, 백화점 판매가 대비 얼마나 저렴하게 구입하는가?

① 75,000원
② 90,000원
③ 105,000원
④ 120,000원
⑤ 135,000원

05 K씨는 비용이 가장 적게 드는 쇼핑몰에서 구입하려 했으나 해당 쇼핑몰에서 AS309DW 모델이 품절되었다. AS309DW 모델만 다른 쇼핑몰에서 구입한다면 K씨가 선택할 쇼핑몰은 어디인가?

① A
② B
③ C
④ D
⑤ E

■ 내지 인쇄

판형	210×297mm	182×257mm	152×225mm	148×210mm
흑백	20원	15원	10원	10원
컬러	40원	30원	20원	15원

■ 표지 인쇄

지류	아트지	스노우지	랑데부	스타드림
가격	200원	300원	500원	600원

※ 인쇄비 별도(1부당. 컬러인쇄 200원, 흑백인쇄 100원)

■ 제본 가격(권당)

종류	무선제본	와이어제본	중철제본
가격	1,100원	1,300원	1,000원

■ 제작 부수별 할인

1,000부 이상 2,000부 미만	2,000부 이상 3,000부 미만	3,000부 이상
10% 할인	15% 할인	20% 할인

06 박람회에 참여하는 B기업은 홍보 부스에서 배포할 책자를 제작하려 한다. 인쇄소에 다음과 같이 제작을 의뢰할 때, 제작비는 총 얼마인가?

> 안녕하세요. 무선제본으로 제작 문의드립니다. 일단 책자 크기는 152×225mm이고요, 내지 분량은 총 50p인데, 흑백으로 인쇄하면 됩니다. 표지는 가장 저렴한 종류에 컬러인쇄로 하고요, 부수는 총 2,000부 입니다.

① 325만 원   ② 340만 원

③ 365만 원   ④ 400만 원

⑤ 425만 원

07 다음은 C출판사에서 A인쇄소에 전달한 발주 내역이다. 발주서 내용대로 제작 후 A인쇄소가 청구할 비용은 총 얼마인가?

발주서			
부수	3,000부		
제본 종류	중철제본	판형	210×297mm
표지	컬러 인쇄/스노우지		
내지	컬러 20p+흑백 60p		

① 792만 원
② 816만 원
③ 840만 원
④ 864만 원
⑤ 888만 원

08 다음은 ○○팀이 참가한 축구대회에 대한 설명이다. 규정 1과 규정 2를 적용하였을 때 ○○팀의 순위차는?

- 대회에 참가한 팀은 총 9팀이다.
- 각 팀은 다른 모든 팀과 한 번씩 경기를 한다.
- ○○팀의 최종 성적은 3승 5패이다.
- ○○팀과의 경기를 제외한 8팀 간의 경기는 모두 무승부이다.
- 승점이 가장 높은 팀이 우승팀이 된다.
- 규정 1을 적용했을 때와 규정 2를 적용했을 때의 우승팀이 같은 경우에 그 팀을 최종 우승팀으로 결정하며, 다를 시 두 팀 간의 재경기를 통해 승리팀을 우승팀으로 결정한다.
  - 규정 1 : 승리 시 2점, 무승부 시 1점, 패배 시 0점의 승점을 부여한다.
  - 규정 2 : 승리 시 3점, 무승부 시 1점, 패배 시 0점의 승점을 부여한다.

① 1위
② 3위
③ 5위
④ 6위
⑤ 9위

[09~10] 다음은 R펜션의 이용요금 및 예약 취소 기준이다. 주어진 자료를 바탕으로 이어지는 물음에 답하시오.(단, 8월 15일은 공휴일이다.)

〈R펜션 이용요금〉

기간	기준	주중	금	토
비수기	1박/1실	90,000원	120,000원	150,000원
성수기	1박/1실	110,000원	140,000원	180,000원

- 성수기는 7월 21일부터 8월 15일까지이다.
- 공휴일 전일은 토요일 가격을 적용한다.
- 모든 객실은 2인실이며, 최대 1명까지 인원 추가가 가능하다(1명/1박당 20,000원 추가).
- 예약 취소 시 환불 기준(예약일 기준)

7일 전	5~6일 전	3~4일 전	2일 전~당일
90%	70%	50%	환불 불가

09 R펜션을 예약한 A~C 중 이용요금이 많은 순서대로 나열한 것은?

예약자	체크인	체크아웃	인원
A	7월 10일 수요일	7월 12일 금요일	2
B	7월 26일 금요일	7월 27일 토요일	3
C	8월 14일 수요일	8월 15일 목요일	3

① A - C - B
② B - A - C
③ B - C - A
④ C - A - B
⑤ C - B - A

10 다음 Q&A를 볼 때 예약 취소 후 환불받는 금액은 얼마인가?

답변상태	제목	작성자	작성일
답변완료	예약 취소 문의입니다.	김○○	2025.08.04.

안녕하세요. 8월 9일 금요일, 2명으로 1박 예약한 사람인데요, 부득이하게 예약을 취소하려 합니다. 환불 절차가 어떻게 되나요?

└ **답변** 안녕하세요. 예약 취소 문자 발송해 드렸습니다. 은행과 계좌번호 남겨주시면, 환불 처리해 드리겠습니다. 관리자 2025.08.04.

① 70,000원
② 84,000원
③ 98,000원
④ 105,000원
⑤ 126,000원

최종 점검 모의고사

PART 03

01 이번 주 서울에서 개최되는 마라톤 대회에 은서, 지민, 인하, 태주, 소혜 5명이 참여한다. 다음 명제가 모두 참일 때, 반드시 참이 아닌 것을 고르면?

> • 은서가 참가하면 지민도 참가한다.
> • 소혜가 참가하면 태주는 불참한다.
> • 지민이 참가하면 인하는 불참한다.
> • 소혜가 불참하면 인하는 참가한다.

① 은서가 참가하면 소혜도 참가한다.
② 태주가 참가하면 인하도 참가한다.
③ 은서가 참가하면 인하도 참가한다.
④ 지민이 참가하면 태주는 불참한다.
⑤ 소혜가 불참하면 은서도 불참한다.

02 A는 유럽 배낭여행을 계획 중이다. A가 방문하려는 국가는 벨기에, 스위스, 오스트리아, 체코, 프랑스, 헝가리이고, 다음 〈조건〉에 따라 방문할 때, 그 순서로 옳은 것은?

> 〈조건〉
> • 두 번째로 방문하는 국가는 오스트리아다.
> • 헝가리 방문 후 두 국가를 거쳐 프랑스에 도착한다.
> • 체코는 벨기에를 방문한 직후 마지막으로 들른다.

① 헝가리 – 오스트리아 – 스위스 – 프랑스 – 벨기에 – 체코
② 스위스 – 오스트리아 – 헝가리 – 벨기에 – 체코 – 프랑스
③ 헝가리 – 오스트리아 – 프랑스 – 스위스 – 체코 – 벨기에
④ 프랑스 – 오스트리아 – 헝가리 – 스위스 – 체코 – 벨기에
⑤ 스위스 – 오스트리아 – 프랑스 – 헝가리 – 벨기에 – 체코

03 음주운전 현행 처벌기준과 개정안이 다음과 같을 때, 바르게 이해하지 못한 것은?

구분	현행 기준	개정안
면허정지	혈중알코올농도 0.05% 이상~0.1% 미만	혈중알코올농도 0.03% 이상~0.08% 미만
면허취소	혈중알코올농도 0.1% 이상	혈중알코올농도 0.08% 이상
형사처분	3회 이상 적발 시 1~3년 이하 징역, 500~1,000만 원 벌금	2회 이상 적발 시 2~5년 이하 징역, 1,000~2,000만 원 벌금

① 혈중알코올농도가 0.09%로 측정되면 개정안에 따라 면허가 취소된다.
② 혈중알코올농도가 0.1%일 경우 현행과 개정안 모두 면허취소에 해당하는 수치이다.
③ 혈중알코올농도가 0.03%일 경우 현행 면허정지 기준 미만이다.
④ 음주운전으로 2회 적발되면 개정안에 따라 1년 이하 징역의 형사처분을 받을 수 있다.
⑤ 음주운전 3회 적발 시 현행 기준에 의해 1,000만 원의 벌금이 부과될 수 있다.

04 K는 여름휴가 때 머무를 숙소를 예약하려 한다. 〈상황〉을 참고할 때 숙박예약사이트 A~E 중 선택할 곳은 어디인가?

〈상황〉

K는 7월 13일부터 4박 5일간 T국의 ○○리조트로 여름휴가를 갈 계획이다. 다만, 업무상 긴급 상황이 발생할 경우에 대비하여 일정을 조정할 가능성을 염두에 두어야 한다. 따라서 일주일 전까지 변경이나 취소가 가능한 곳 중에서 비용이 가장 저렴한 사이트를 통해 예약하려 한다. K는 평소 이용하는 S카드로 숙박비를 결제한다.

〈숙박예약사이트 정보〉

구분	가격(1박 기준)	예약 변경·취소	비고
A	240,000원	7일 전까지 가능	3박 예약 시 1박 무료
B	180,000원	15일 전까지 가능	–
C	190,000원	3일 전까지 가능	S카드 결제 시 10% 할인
D	170,000원	불가능	–
E	175,000원	7일 전까지 가능	결제금액의 2% S카드 포인트 적립

① A
② B
③ C
④ D
⑤ E

05 다음은 ○○홈쇼핑의 고객 등급 평가 제도에 대한 설명이다. 다음을 참고했을 때 고객 C의 등급으로 알맞은 것은?

〈고객 등급 평가 기준〉

○○홈쇼핑은 3개월마다 한 번씩 다음과 같은 기준으로 고객의 등급을 평가, 등급에 맞게 각종 혜택을 제공하고 있다. 등급은 최근 3개월간의 총 구매 금액, 총 구매 횟수, 총 반품 횟수, 리뷰 등록 수의 항목별 점수를 합산하여 부여한다.

• 총 구매 금액

기준	50만 원 이상	80만 원 이상	150만 원 이상	170만 원 이상	200만 원 이상
점수	10	20	30	40	50

• 총 구매 횟수

기준	3회 이상	5회 이상	7회 이상	8회 이상	10회 이상
점수	10	15	20	25	30

• 총 반품 횟수

기준	1회 이상	3회 이상	5회 이상	7회 이상	10회 이상
점수	−2	−4	−6	−8	−10

• 리뷰 등록 수

기준	3회 이상	5회 이상	7회 이상	8회 이상	10회 이상
점수	1	2	3	4	5

※ 단, 등록된 리뷰 중 우수 리뷰로 선정될 경우 다음과 같은 기준에 따라 점수 합계에 해당 비율을 곱하여 최종 점수를 산정한다.

기준	1회	2회	3회	4회	5회 이상
가산점	2%	4%	6%	8%	10%

상기 요소별 점수를 모두 합한 점수를 기준으로 등급을 부여하고 있으며, 그 기준은 다음과 같다.

기준	30점 이상	45점 이상	60점 이상	75점 이상	90점 이상
등급	브론즈	실버	골드	플래티넘	다이아

〈고객 C의 최근 3개월간 ○○홈쇼핑 이용 현황〉

• 총 구매 금액 : 175만 원　　　　　• 총 구매 횟수 : 7회
• 총 반품 횟수 : 1회　　　　　　　• 리뷰 등록 수 : 3회
• 우수 리뷰 선정 횟수 : 1회

① 브론즈　　　　　　　　　　② 실버
③ 골드　　　　　　　　　　　④ 플래티넘
⑤ 다이아

06 J는 이번 휴가를 이용해 N국으로 해외여행을 다녀오려고 한다. N국에서는 달러를 사용하는데, 원화를 바로 달러로 바꿀 수도 있지만 N국에서는 화폐 a, b, c도 환전이 가능하여, 원화를 해당 화폐로 환전한 후 다시 달러로 환전하는 방법을 이용할 수도 있다. J는 환율 정보를 참고하여 가장 저렴한 방법을 이용하려고 한다. 환율 정보 및 J의 여행 일정을 참고했을 때, 가장 저렴한 방법은 무엇이며, 원화를 바로 달러로 환전했을 때와의 차액은 얼마인가?

〈환율 정보〉

• 원화 → 외화

구분	달러	a	b	c
가격	1,080원	160원	10원	1,250원

• 외화 → 달러(예 6.5a=1달러)

구분	a	b	c
가격	6.5	110	0.8

※ 환전 시 별도의 수수료는 발생하지 않는 것으로 가정한다.

〈여행 일정〉

J는 총 4박 5일간 해외여행을 다녀올 예정이다. 왕복 비행기 티켓은 3개월 전에 결제해 두었고, 이제 여행지에서 사용할 금액을 환전할 일만 남았다. 우선 숙박비는 1박 기준 90달러가 필요하다. 한 도시에만 머무를 예정이기 때문에 1일 숙박비의 변동은 없다. 그리고 식비는 끼니마다 차이가 있겠지만, 1끼에 최대 25달러를 넘기지 않을 것이며, 1일 3끼 기준으로 준비할 계획이다. 교통비는 하루 50달러를 기준으로 하고, 남는 금액은 다른 용도로 사용할 예정이다. 그 외에 유적지나 박물관 등의 입장료, 기념품, 간식 구입 등 기타 경비로 1일 기준 80달러를 준비하려고 한다.

	가장 저렴한 방법	차액
①	원화 → a → 달러	55,400원
②	원화 → b → 달러	101,400원
③	원화 → b → 달러	90,800원
④	원화 → c → 달러	110,800원
⑤	원화 → c → 달러	27,700원

[07~08] 다음은 △△산업 사옥 엘리베이터 공사에 관한 입찰공고문 일부이다. 다음을 보고 이어지는 물음에 답하시오.

〈제안서 제출 안내 및 입찰공고〉

1. 용역명 : △△산업 사옥 엘리베이터 추가 설치 용역
2. 계약기간 : 계약체결일~20×5. 9. 25.
3. 계약방법 : 제한경쟁입찰
4. 공사 내용 : 시방서 참조
5. 기초금액 : 184,000,000원
6. 제안서 제출 자격
   가. 입찰공고일 현재 「건설산업기본법」에 의한 전문공사업 중 '승객용엘리베이터'를 제조물품으로 등록하고 「건설산업기본법」 제9조에 의한 '승강기설치공사업'으로 등록한 자
   나. 내부 규정에 따른 입찰참가자격의 제한을 받지 않는 자
   다. 「중소기업제품 구매촉진 및 판로지원에 관한 법률」 제9조 및 동법 시행령 제10조의 규정에 의거 직접생산확인 증명서(제품명 : 승강기, 세부품명 : 승객용엘리베이터, 유효기간 시작일이 전자입찰서 제출마감 전일 이전인 것으로 유효기간 내에 있어야 함)를 소지한 자
7. 낙찰자 결정
   가. 예정가격은 기초금액의 ±3% 범위 내에서 작성한 복수예비가격 15개 중 입찰에 참여하는 각 업체가 2개씩 전자 추첨하여 가장 많이 선택된 4개의 예비가격을 산술평균한 금액으로 함
   나. 예정가격 이하로 입찰한 자 중 예정가격의 낙찰하한율(85%) 이상 최저가격으로 제출한 자가 낙찰자로 결정되며 동일 가격 입찰자가 2인 이상일 경우 추첨으로 결정함
   다. 낙찰자의 결정에 있어 관련 법령 혹은 내규 등에 위배되었을 경우 차순위 업체를 낙찰자로 결정함
   ※ 예비가격 및 낙찰하한가 등의 결정 시 원 단위 미만은 올림

---

07 관련 업체 A~E가 입찰에 참여하여 다음과 같이 예비가격을 추첨하였다. 참여 업체 모두 결격 사유가 없다고 할 때, 낙찰 가능성이 가장 높은 업체는?

구분	추첨 예비가격	입찰가격
A	178,500,000원/184,000,000원	184,000,000원
B	180,500,000원/186,000,000원	182,500,000원
C	179,500,000원/184,000,000원	173,500,000원
D	178,500,000원/188,500,000원	162,000,000원
E	186,000,000원/188,500,000원	156,500,000원

① A
② B
③ C
④ D
⑤ E

08 입찰 기간 중 용역 입찰 평가 시 가격 외에 기술평가를 함께 진행하라는 정부 지침이 전달되었다. 이에 다음 〈제안서 평가 기준 및 결과〉에 따라 각 업체를 평가하여 그 결과를 정리하였을 때 최종 입찰 가능성이 가장 높은 업체는?

〈제안서 평가 기준 및 결과〉

구분		A	B	C	D	E
기술평가(70)	사업수행계획	18	19	14	9	14
	공사기간	12	9	17	11	12
	인력관리	11	8	9	11	16
	유지·보수	7	17	11	13	5
가격평가(30점)		( )	( )	( )	( )	( )

※ 기술평가는 총 70점 만점으로 평가 항목별 가중치는 없다.
※ 가격평가 시 낙찰하한율 이상 최저가격을 만점(30점)으로 하며 해당 가격과의 차이가 적은 순서대로 6점씩 낮추어 점수를 부여한다. 낙찰하한율 이하의 가격을 제시한 업체는 최저점을 부여한다.

① A
② B
③ C
④ D
⑤ E

[09~10] 다음은 무역 거래 편의를 돕는 글로벌 구매카드에 관한 안내문이다. 자료를 바탕으로 이어지는 물음에 답하시오.

〈글로벌 구매카드 안내〉

수입무역 거래 시 수입기업의 원활한 자금조달 및 결제를 위해 은행으로부터 부여받은 카드 한도 내에서 수입대금을 자유롭게 결제할 수 있는 무역전용 결제 수단입니다.

■ 장점
  • 수입기업(카드회원사) : 신용장과 금융 수수료 절감 및 관련 업무 효율성 제고
  • 수출기업(가맹점) : 거래 안전성 확보 및 빠른 현금화로 운용자금 활용에 용이
■ 결제 과정
  • 수입기업은 구매하고자 하는 물품명과 가격을 명시하여 수출기업에 주문합니다.
  • 수입기업은 수출기업정보, 거래품목, 금액, 카드 결제일(최장 180일) 그리고 수출기업에 대한 입금일 등의 데이터를 은행에 전달하고 글로벌 구매카드에 대한 승인을 요청합니다.
  • 은행은 수입기업의 잔여한도 및 기타 사항을 확인한 후 수출기업에게 글로벌 구매카드의 승인 여부를 알려주게 됩니다. 그리고 그 결과가 승인되면 은행이 무역대금에 대한 지급 보증을 하게 됩니다.
  • 은행은 두 기업 간 약속된 일자에 무역대금을 수출기업의 해외은행 계좌로 입금합니다.
  • 수입기업은 카드 결제일에 글로벌 구매카드 사용금액을 은행에 상환합니다.
■ 신청 서류
  • 작성 서류 : 거래약정서, 회원가입 신청서, 이용한도 신청서, 지정거래처 확인서
  • 구비 서류 : 사업자등록증 사본, 무역거래 증빙자료(무역신고필증, 외환거래실적표 등), 기타 여신관련 서류

09 다음 중 위 안내문을 바탕으로 작성한 Q&A 내용 중 가장 적절하지 않은 것은?

① Q : 글로벌 구매카드의 발급대상은 누구인가요?

　　A : 해외 기업과 수입무역 거래를 하는 기업입니다.

② Q : 글로벌 구매카드의 특징은 무엇인가요?

　　A : 글로벌 구매카드는 수입기업의 무역거래 전용 카드로 한도 내에서 수입대금을 편리하게 결제할 수 있습니다.

③ Q : 카드 결제일은 어떻게 되나요?

　　A : 최장 180일 안에서 원하는 날짜를 지정하시면 됩니다.

④ Q : 카드를 만들 때 필요한 서류는 무엇인가요?

　　A : 거래약정서, 회원가입 신청서 외 4가지 서류를 작성하셔야 하고, 사업자등록증 사본, 무역 거래 증빙자료, 기타 여신관련 서류 등을 구비하여 제출하셔야 합니다.

⑤ Q : 글로벌 구매카드 이용 시 수출기업이 얻는 이익은 무엇인가요?

　　A : 은행이 무역대금 지급을 보증하므로 거래 안전성이 높고, 수수료 등 거래 관련 비용을 절감할 수 있습니다.

10 ○○사원은 안내문의 이해를 돕고자 결제과정을 도식화하였다. 다음 중 안내문의 내용과 일치하지 않는 것은?

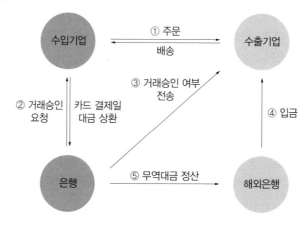

11 다음 〈○○시 부동산(주택) 중개보수 요율표〉를 참고할 때, R씨가 지불할 중개보수금으로 옳은 것은?

<표>

거래내용	거래금액	상한요율	한도액
매매	5천만 원 미만	0.6%	25만 원
	5천만 원 이상~2억 원 미만	0.5%	80만 원
	2억 원 이상~6억 원 미만	0.4%	–
	6억 원 이상~9억 원 미만	0.5%	–
	9억 원 이상	0.9%	–
임대차	5천만 원 미만	0.5%	20만 원
	5천만 원 이상~1억 원 미만	0.4%	30만 원
	1억 원 이상~3억 원 미만	0.3%	–
	3억 원 이상~6억 원 미만	0.4%	–
	6억 원 이상	0.8%	–

〈○○시 부동산(주택) 중개보수 요율표〉

R씨는 최근 아파트 한 채를 매매하였다. ○○시에 위치한 이 아파트의 매매가는 7억 8천만 원이다. 단, 시세보다 저렴한 가격으로 구입하는 대신 2년 뒤 입주하기로 약속했다. 때문에 R씨는 현재 거주하는 전셋집 계약을 연장하려 했으나 상황이 여의치 않았고, 급히 6억 1천만 원의 전셋집 계약을 체결하였다. R씨는 동시에 두 건의 주택계약을 체결하게 된 상황에서 중개수수료는 매매 건의 경우 상한 요율을 그대로 적용하고, 임대 계약은 0.6%를 적용하기로 중개업자와 합의하였다.

※ 중개보수는 거래금액×상한요율 이내에서 결정하며, 한도액을 초과할 수 없음
※ 거래금액 산정 시 매매는 매매가격, 전세는 전세금을 기준으로 하며, 월세는 보증금+월차임액×100을 기준으로 함

① 6,960,000원
② 7,230,000원
③ 7,560,000원
④ 7,890,000원
⑤ 8,170,000원

[12~13] 제주특별자치도에서 감귤 수확철을 맞아 감귤 수확체험 프로그램을 실시한다. 안내문을 바탕으로 이어지는 물음에 답하시오.

〈감귤 수확철 제주 농촌에서 살다 오기〉

감귤 수확시기에 제주 농촌지역에서 지내며 감귤농장에서 일하여 임금을 받고, 주변 관광도 할 수 있는 프로그램입니다.

- 참여 기간 : 20xx년 11월 12일(화)부터 12월 15일(일) 사이 참여자가 희망하는 시기
- 지역 : 제주특별자치도 서귀포시 일원
- 작업 종류 : 감귤농장(감귤 수확), 선과장(감귤 선별 · 포장)
- 근로 시간 : 오전 8시~오후 5시(휴게시간 1시간 포함)
- 임금 수준 : 120,000원
- 지원 내용 : 숙박, 항공권, 상해보험, 관광 2일
- 신청 기간 : 20xx년 10월 22일부터 11월 23일
- 신청 요건 : 20세 이상, 최소 7일 이상 작업 참여가 가능한 분
- 신청 단위 : 개인(4인 1조), 단체(최소 20명 이상)

---

12 안내를 위해 위 내용을 바탕으로 정리한 것 중 옳지 않은 것은?

① 개인 또는 단체 신청이 가능하나 개인 신청이라도 4명이 한 조로 참여해야 한다.
② 최소 일주일 이상 작업하실 수 있는 20세 이상 성인만 신청받고 있다.
③ 숙박과 항공권을 지원하며, 휴게시간 포함 근로시간에 해당하는 임금을 지급한다.
④ 프로그램 참여는 10월 22일부터 11월 23일 사이 원하는 시기로 가능하다.
⑤ 감귤 농장에서 수확하는 작업이나 감귤 선별 및 포장 작업을 담당하게 된다.

13 A, B, C, D는 위 행사에 참여 신청하고자 한다. 대화를 참고로 이들이 참여 가능한 기간을 추측할 때, 그 시작일은?

A : 11월 21일은 어머니 생신이라 그날은 가족들과 함께 식사해야 해.
B : 11월 18일에 자격시험이 있어서 나는 그날까지는 좀 힘들 것 같아.
C : 11월 30일에 1박 2일로 가족여행이 예정되어 있어. 그래서 그 기간은 피했으면 해.
D : 난 12월 12일 꼭 가고 싶던 공연을 예매해놨어.
A : 그럼 언제가 좋을까? 작업 끝나고 우리 꼭 2일 동안 관광도 참여하자.

---

① 11월 19일   ② 11월 22일
③ 12월 2일   ④ 12월 6일
⑤ 12월 8일

14 T는 농약 살포용 드론 JL35를 사용하고 있다. 그런데 오늘 낮에 작업하던 중 드론이 오작동을 일으키면서 불시착하였다. 불시착한 위치를 찾기 위해 제어 프로그램을 살펴보니 다음과 같은 신호가 송출되어 있었다. 다음 자료를 참고하여 JL35의 불시착 위치를 찾으면?

〈송출 신호〉

JL35의 제어 프로그램에서는 다음의 여섯 자리 신호를 송출하여 JL35를 조작한다. JL35는 동서남북 네 방향으로만 움직일 수 있으며, 현재 설정상 이동 명령은 100m 단위로 가능하다.

송출 신호	이동 방향
◇◇◇△△△	북
◇△◇△◇△	동
△◇△◇△◇	서
△△△◇◇◇	남

※ JL35 조작을 위해 사용하는 신호는 △와 ◇ 두 코드로 이루어진다.

〈인식 신호〉

JL35는 제어 프로그램에서 송출된 신호를 받아 명령대로 움직인다. 불시착 직전 JL35가 인식한 신호 로그를 살펴본 결과 아래와 같은 신호들이 발견되었다.

△◇△◇◇◇, △◇△△◇△, ◇◇◇△△△, ◇△◇△◇△, △△△◇◇◇,
◇△◇△◇△, ◇△◇△◇△, ◇◇◇△△△, ◇△◇△◇△

※ 신호는 왼쪽에서부터 순서대로 인식한다.

〈T의 농지 정보〉

[북]

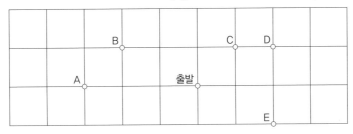

※ 정사각형의 한 변은 100m이다.

---

① A
② B
③ C
④ D
⑤ E

[15~16] 장애인 거주시설 ◇◇복지센터에서 식자재 납품업체 선정 입찰 공고를 게시하였다. 다음 공고 내용을 보고 이어지는 물음에 답하시오.

◇◇복지센터 식자재 납품업체 선정 입찰 공고

1. 개요
   가. 입찰건명 : 장애인 거주시설 ◇◇복지센터 식자재 납품업체 선정
   나. 일일 급식 규모
       – 급식 인원 : 50명 내외
       – 급식 단가 : 1식 3,500원
       – 급식 일수 : 1년 중 설날과 추석, 크리스마스를 제외한 매일
   다. 납품 품목 : 농산물류, 육류, 수산물류, 가금류, 곡류, 공산품류 등
   라. 납품 기간 : 계약일로부터 18개월
   마. 입찰서류 제출 기간 : 2025. 06. 08.～2025. 06. 22. 17:30
   바. 업체 선정 방법 : 제출된 입찰서류를 본 법인 내부의 〈납품업체 선정 심사 기준표〉에 준하여 평가
2. 입찰 참가 자격 및 준수 사항
   가. 영업배상책임보험에 가입한 업체(1인당 1천만 원 이상, 1사고당 3억 원 이상)
   나. 사업자등록상 취급종목에 해당 종목 취급 도매업 이상의 사업자등록을 필한 사업자
   다. 축산물 납품 시 등급판정서 제출이 가능한 업체
   라. 사업자 설립일 3년 이상, 연매출 50억 원 이상인 업체로 부산, 경남 지역 집단급식 업체에 납품 실적이 2년 이상 있는 업체
   마. 주 6회 이상 식자재 납품이 가능한 업체로 팩스 또는 전자 발주가 가능하고 대금결제는 반드시 카드결제(체크카드 및 법인 신용카드)가 가능하여야 함
3. 계약의 일방적 해제 조항
   가. 정당한 사유 없이 기일 내에 식자재를 납품하지 못하거나 거부할 때
   나. 식자재 물품이 부적합하여 5회 이상 반품 처리될 때
   다. 반품을 요구한 물품의 신속한 재납품이 3회 이상 지연되거나 거부하여 시설 급식에 지장을 초래한 때
   라. 납품 기사가 시설 측의 정당한 사유의 지시에 대해 3회 이상 불응한 때
   마. 부정당업체로 적발되어 문제가 발생하였거나, 검찰에 조사·기소 중이거나 매스컴에 문제가 되고 있는 업체
4. 제출 서류
   입찰참가신청서 1부, 사업자등록증 사본 1부, 법인등기부등본 1부(법인에 한함), 지하수 수질검사 성적서 사본(상수도는 최근 3개월간 납부영수증 사본) 1부, 급식납품제안서 1부, 단가견적서 1부
5. 제안서 평가 기준

연번	평가항목	세부내용
1	안정성	자기자본비율
		부채비율
2	책임성	취급 식품의 배상책임보험 가입 여부
3	품질	축·수산물 원산지증명표시 등 가능 여부
4	위생성	• 냉동/냉장차량 보유 여부 • 축·수산물 작업 HACCP 인증 여부 • 사업장(작업장) 및 냉동/냉장차량 정기 소독 여부 • 직원 건강진단 여부

5	편리성	• 전자발주 시스템 구축 여부 • 월 결제 및 내방 카드단말기 결제 가능 여부 • 소수점 발주 가능 여부
6	수행성	• 긴급 배송/반품 가능 횟수 및 소요 시간 • 추가발주 등에 대한 긴급배송 가능 여부
7	서비스성	• 위생 점검 여부 • 위생 및 CS 교육 여부 • 행사용 식기류 대여 및 행사 시 조리장 파견 가능 여부

15 제시된 공고문을 보고 유추할 수 있는 내용으로 옳지 않은 것은?

① 급식과 관련된 사고가 2건 발생하였을 경우, 영업배상책임보험에서 6억 원 이상의 보험금이 지급되어야 한다.

② 입찰에 참가하는 개인사업자 ○○식품은 입찰참가신청서와 사업자등록증, 법인등기부등본, 지하수 수질검사 성적서 사본, 급식납품제안서, 단가견적서 등을 제출해야 한다.

③ 계약일이 2026년 8월 24일이라고 할 때, 2021년 8월 26일에 사업자를 설립한 업체는 입찰에 참가할 수 없다.

④ 2026년 7월에 계약이 이루어진 경우 계약은 2027년 12월에 종료된다.

⑤ 계약 후 식품위생법 위반으로 검찰 조사를 받을 경우 계약은 해제된다.

16 다음은 ◇◇복지센터의 〈납품업체 선정 심사 평가표〉에 따른 입찰 업체의 항목별 평가이다. 이를 참고했을 때 최종 낙찰 가능성이 두 번째로 높은 업체는?

〈납품업체 선정 심사 평가표〉

평가항목		A	B	C	D	E
안정성	자기자본비율	양호	양호	보통	미흡	보통
	부채비율	미흡	양호	양호	보통	보통
책임성	취급 식품의 배상책임보험 규모	양호	미흡	양호	미흡	보통
품질	축·수산물 원산지증명표시	양호	보통	미흡	보통	양호
위생성	냉동/냉장차량 보유	양호	미흡	양호	양호	미흡
	축·수산물 작업 HACCP 인증	미흡	보통	미흡	양호	양호
	사업장 및 냉동/냉장차량 정기 소독	양호	보통	양호	미흡	미흡
편리성	전자발주 시스템 구축	보통	양호	양호	미흡	보통
	소수점 발주	제한적	불가	가능	가능	불가
수행성	긴급 배송/반품 가능 횟수	미흡	보통	미흡	양호	양호
	추가발주 등에 대한 긴급배송	양호	미흡	미흡	보통	양호
서비스성	직원 대상 CS교육	보통	양호	미흡	양호	미흡
	행사용 식기류 대여 및 행사 시 조리장 파견	가능	제한적	가능	불가	불가

① A ② B

③ C ④ D

⑤ E

17 다음은 분리배출 방법에 대한 안내 자료이다. 이를 참고했을 때 분리배출을 올바르게 하지 않은 사람을 고르면?

올바른 방법으로 쓰레기를 분리배출하는 것은 자원의 재활용과 함께 우리 지구의 환경 보전에도 큰 도움이 되는데요, 일회용품 사용 줄이기와 함께 올바른 분리배출 방법의 실천으로 우리 환경을 지키는 데 앞장설 수 있었으면 합니다. 그러면 올바른 분리배출 방법을 살펴볼까요?

1. 종이류 : 신문은 반듯하게 펴서 차곡차곡 쌓은 뒤 묶어서 배출하고 종이 상자는 상자에 붙어 있는 택배 송장이나 박스테이프, 철핀 등의 이물질을 제거한 뒤에 납작하게 펼쳐 배출합니다. 책이나 노트는 종이가 아닌 부분, 예컨대 플라스틱으로 된 표지나 가운데의 스프링 등을 모두 제거하고 종이 부분만 따로 모아 배출해야 해요. 영수증이나 은박지, 종이 외에 다른 재질이 혼합된 벽지, 플라스틱 합성지 등은 재활용이 불가능하므로 일반 쓰레기로 배출합니다.

2. 금속캔류 : 철이나 알루미늄으로 된 캔은 내용물을 깨끗이 비우고 물로 헹구어 내부에 이물질이 남아 있지 않도록 합니다. 그리고 스티커나 비닐, 플라스틱 뚜껑과 같이 다른 재질로 이루어진 부분은 모두 제거하고 가능한 한 납작하게 압착해서 배출해요. 부탄가스나 살충제 용기는 용기 하단에 송곳으로 구멍을 살짝 뚫어 내용물을 비운 뒤, 역시 다른 재질로 된 부분을 분리해 배출합니다. 이때 통풍이 잘 되는 안전한 곳에서 구멍을 뚫을 수 있도록 하고, 캔 안에는 휴지나 담배꽁초 같은 이물질을 넣어선 안 돼요.

3. 유리병류 : 캔과 마찬가지로 이물질 없이 내용물을 깨끗하게 비우고 뚜껑이나 라벨 등을 분리하여 배출합니다. 뚜껑이나 라벨에 보증금 환불 문구가 있으면 마트나 슈퍼 등에 반환해서 비용기보증금을 돌려받을 수 있어요. 거울이나 전구, 도자기, 내열식기 등은 유리병류가 아니기 때문에 별도로 분리해서 배출해야 해요.

4. 플라스틱류 : 내용물을 깨끗이 비우고 상표나 스티커는 제거한 뒤에 병은 최대한 압착해서 배출해요. 칫솔이나 알약 포장지처럼 여러 재질이 섞인 제품은 분리배출이 어려우니 종량제 봉투에 넣어 배출합니다.

5. 비닐류 : 의외로 비닐류의 재활용이 가능하다는 것을 모르는 분들이 많은데요, 꽤 많은 비닐 포장지에 재활용 가능 표시가 되어 있어요. 다만 비닐류를 재활용할 때는 이물질이 묻어 있지 않도록 깨끗이 세척한 후에 배출해야 한다는 점! 이물질 제거가 어려우면 종량제 봉투에 넣어 일반 쓰레기로 배출합니다.

이 외에도 의류나 폐식용유, 폐형광등, 폐건전지 등은 전용 수거함을 통해 재활용이 가능해요. 조금은 불편해도 우리 아이들에게 깨끗한 지구를 물려줄 수 있는 쓰레기 분리배출, 오늘부터라도 잘 해주실거죠?

① Z는 그동안 모아 두었던 신문지들을 차곡차곡 쌓아 노끈으로 묶어 배출하였다. 영수증은 모두 모아 종량제 봉투에 넣어 배출하였다.

② X는 그동안 사용하고 모아 둔 빈 부탄가스 용기들을 옥상으로 가져가 송곳으로 캔 아래에 작은 구멍을 뚫고 배출하였다.

③ C는 집안에 있던 맥주병을 모아 병 안쪽을 물로 헹구어 낸 다음 라벨에 적힌 보증금 환불 문구를 보고 근처 마트로 가져가 반환하였다.

④ V는 칫솔 손잡이 고무 부분을 적당히 제거한 뒤 다른 플라스틱류와 함께 배출하였다.

⑤ B는 레토르트 미트볼 식품의 비닐 포장지를 세척했으나 기름기가 사라지지 않자 종량제 봉투에 넣어 일반 쓰레기로 배출하였다.

[18~19] 다음의 안전한 패스워드 사용을 위한 규칙을 참고로 이어지는 물음에 답하시오.

구분	권장 규칙	회피 규칙
문자구성 및 길이	• 3가지 종류 이상의 문자와 8자리 이상의 길이로 구성된 패스워드 • 2가지 종류 이상의 문자와 10자리 이상의 길이로 구성된 패스워드 – 문자 종류는 알파벳 대문자와 소문자, 특수기호, 숫자 4가지임	• 2가지 종류 이하의 문자구성으로 8자리 이하의 길이로 구성된 패스워드 • 문자구성과 관계없이 7자리 이하 길이로 구성된 패스워드

패턴 조건	• 한글, 영어 등의 사전적 단어를 포함하지 않은 패스워드
	• 널리 알려진 단어를 포함하지 않거나 예측이 어렵게 가공한 패스워드
	  – 널리 알려진 단어인 컴퓨터 용어, 기업 등의 특정 명칭을 가공하여 사용
	  – 속어, 방언, 은어 등을 포함한 경우
	• 사용자 ID와 연관성이 있는 단어구성을 포함하지 않은 패스워드
	• 제3자가 쉽게 알 수 있는 개인정보를 포함하지 않은 패스워드
		• 일정한 패턴이 반복되는 패스워드
		• 한글, 영어 등을 포함한 사전적인 단어로 구성된 패스워드
		  – 스펠링을 거꾸로 구성한 패스워드도 포함
		• 널리 알려진 단어로 구성된 패스워드
		  – 컴퓨터 용어, 사이트, 기업 등의 특정 명칭으로 구성된 패스워드도 포함
		  – 널리 알려진 단어의 키 조합을 다른 언어로 입력한 경우도 포함
		• 사용자 ID를 이용한 패스워드
		  – 사용자 ID 혹은 사용자 ID를 거꾸로 구성한 패스워드도 포함
		• 제3자가 쉽게 알 수 있는 개인정보를 바탕으로 구성된 패스워드
		  – 가족, 생일, 주소, 전화번호 등을 포함하는 패스워드

18 위의 내용을 바르게 이해하지 못한 것은?

① 사용자 또는 사용자 이외의 특정 인물, 유명인, 연예인 등의 이름을 포함하는 패스워드는 피하여야 한다.

② 일정한 패턴이 반복되지 않는 패스워드는 보안 수준이 높다고 할 수 있다.

③ 키보드상에서 연속한 위치에 존재하는 문자들의 집합은 노출되기 쉬운 패스워드이다.

④ 생일이나 전화번호 등 개인정보와 관련된 사항도 패스워드로 사용하지 않는 것이 좋다.

⑤ 영어 단어를 한글 모드에서 타이핑하여 입력하게 되면 쉽게 노출되지 않는 패스워드 조합을 구성할 수 있다.

19 다음 그림을 참고할 때, 위의 안내문에 따라 만든 패스워드로 가장 적절한 것은?

① bo3$&K

② S37Qn?sx · 4 ·

③ · ytisrevinu!

④ 1h3o3u4s8e

⑤ 77ncs−cookie8

[20~22] **다음 자료를 읽고 이어지는 물음에 답하시오.**

건축 비용 문제를 제외하면 건축을 희망하는 사람들은 보유한 땅에 어느 정도의 규모로 건축물을 건축할 수 있을까가 최대의 관심사일 것이다. 어느 정도라는 것은 건축물의 면적 규모와 함께 몇 층까지 지을 수 있는지 등의 건축 가능한 층수 규모에 대한 관심일 것이다. 이러한 최대 건축가능 규모는 「국토계획법」에서 규정하고 있는 최대 건폐율과 용적률에 의해서 정해지며, 「건축법」에서는 이들 건폐율과 용적률의 산정 방식 및 기준을 정하고 있다.

건폐율(building coverage)이란 대지에 건축물의 그림자가 덮고 있는 비율이며, '건축면적÷대지면적×100'으로 표시한다. 따라서 최대 건축가능 면적은 '대지면적×최대 허용 건폐율'로 구할 수 있다. 이러한 계산 과정에서 알 수 있듯이 건폐율은 평면적인 규모를 가늠할 수 있을 뿐 전체 건축물의 면적(연면적)이나 층수 등의 입체적인 규모는 알 수 없다. 건축물의 입체적인 규모를 가늠할 수 있는 것은 용적률이다. 용적률은 대지면적에 대한 연면적의 비율로 '지상층 연면적÷대지면적×100'으로 산정되며, 용적률 산정 시 연면적은 지하층 부분의 면적이나 사람들의 상시적인 거주성이 없는 공간의 면적은 제외한다. 건폐율과 마찬가지로 지상층의 최대 건축가능 연면적은 '대지면적×최대 허용 용적률'로 구할 수 있다.

또한 건축면적을 산정할 때에는 건축물의 면적과 층수에 따라 규정되어 있는 「건축법」상 접도 요건인 도로 폭을 준수하여야 한다.

「국토계획법」에서 규정하고 있는 용도지역에 따른 건폐율과 용적률의 허용 범위는 다음과 같다.

용도지역			구분	건폐율	용적률
도시지역	주거지역	전용주거지역	제1종전용주거지역	50% 이하	50~100%
			제2종전용주거지역		50~150%
		일반주거지역	제1종일반주거지역	60% 이하	100~200%
			제2종일반주거지역		100~250%
			제3종일반주거지역	50% 이하	100~300%
		준주거지역		70% 이하	200~500%
	상업지역	중심상업지역		90% 이하	200~1,500%
		일반상업지역		80% 이하	200~1,300%
		근린상업지역		70% 이하	200~900%
		유통상업지역		80% 이하	200~1,100%

20 위 자료의 내용을 바탕으로 할 때, 다음 중 옳지 않은 것은?

① 최대 연면적을 유지한 채 건축면적을 줄이고 층수를 늘린다면 동일한 용적률이 적용될 수 있다.

② 건축물 주변 도로의 폭이 충분하지 않은 상태라면 건축면적이 줄어들 수 있다.

③ 건폐율이 평면적 밀도를 관리하기 위한 규제 수단이라면, 용적률은 입체적 밀도를 관리하기 위한 수단이다.

④ 주차장, 피난안전구역, 대피공간 등을 불필요하게 넓게 확보할 경우 용적률 산정 시 불리하게 계산된다.

⑤ 최대 허용 용적률은 지상층 최대 건축가능 연면적을 대지면적으로 나누어 계산할 수 있다.

21 위의 자료를 참고할 때, 다음과 같은 상황에서 박 부장이 소유한 대지에 최대 건폐율을 적용하여 지을 수 있는 건축물의 면적은?

> 박 부장은 제3종 일반주거지역에 20×25m 크기의 대지를 소유하고 있으며, 이 대지에 건물을 지으려고 한다. 25m면 쪽 건너편에 있는 옆 대지와의 사이에 폭 3m의 도로가 있으며 「건축법」에서는 두 대지 사이의 도로 폭을 최소한 4m로 규정하고 있다. 도로의 폭이 충분히 확보되지 않은 경우에는 도로 좌우측의 대지에서 동일한 비율을 할애해 규정된 도로의 폭을 확보해야 한다.

① 487.50m^2 ② 243.75m^2

③ 450.00m^2 ④ 225.50m^2

⑤ 225.25m^2

22 박 부장은 21번 문제와 같은 주변 상황을 감안하여 건폐율의 허용 범위 이내에서 건축물을 짓기로 결정하였다. 박 부장이 지하 2층을 포함한 건물을 지으려 할 때, 다음 중 건축 불가능한 건물의 크기와 층수는?(단, 모든 층의 면적은 동일하다고 가정한다.)

① 10×24m^2, 6층   ② 11×22m^2, 5층

③ 15×10m^2, 8층   ④ 13×10m^2, 10층

⑤ 14×17m^2, 2층

23 8층짜리 건물에 총무부, 회계부, 인사부, 기획부, 연구부, 영업부, 홍보부, 생산부의 8개 부서를 배치하려 한다. 각 층에는 하나의 부서만 배치되며, 다음 조건이 모두 참일 때 항상 참인 것은?

> 〈조건〉
> • 총무부는 3층에 위치한다.
> • 회계부와 기획부는 서로 인접한 층에 위치한다.
> • 홍보부는 회계부보다는 위층, 인사부보다는 아래층에 위치한다.
> • 연구부는 4층이다.

① 생산부는 연구부보다 아래층에 위치한다.
② 영업부는 5층에서 8층 사이에 위치한다.
③ 기획부가 1층이라면 홍보부는 6층 이상이다.
④ 회계부가 5층이라면 홍보부는 7층이다.
⑤ 인사부는 3층과 4층을 제외한 모든 층에 위치할 수 있다.

[24~25] 다음은 연수원 사용에 대한 안내자료이다. 이어지는 물음에 답하시오.

〈객실 사용료〉

구분		비수기	난방기	성수기, 주말
A동 (콘도형)	2인실[26.4m²(8평형)] 14실	26,000원	32,000원	45,000원
	4인실[29.8m²(9평형)] 3실	37,000원	43,000원	56,000원
	5인실[36.3m²(11평형)] 2실	58,000원	64,000원	77,000원
	특2인실[49.6m²(15평형)] 2실	60,000원	64,000원	82,000원
B동 (수련형)	6인실[19.8m²(6평형)] 4실	18,000원	24,000원	28,000원
	8인실[26.4m²(8평형)] 12실	24,000원	30,000원	36,000원
	10인실[33.1m²(10평형)] 3실	30,000원	36,000원	45,000원
	20인실[66.1m²(20평형)] 1실	60,000원	72,000원	90,000원

- 객실 사용료는 1박 기준임
- 객실당 최대 2명 추가 수용 가능(B동 한정. 1인당 4,000원의 추가 요금 징수)
- 성수기 : 7월 1일~8월 31일, 12월 15일~다음 해 2월 28일
- 난방기 : 3월 1일~5월 31일, 10월 1일~12월 15일
- 비수기 : 6월 1일~6월 30일, 9월 1일~9월 30일
- 주말 : 금, 토, 일, 공휴일 전일, 공휴일

〈부대시설 사용료〉

구분	객실 사용 시	객실 미사용 시	비고
강당(128석)	60,000원	300,000원	기본 3시간(초과 시 시간당 10,000원)
회의실1(36석)	40,000원	100,000원	기본 3시간(초과 시 시간당 5,000원)
회의실2(22석)	30,000원	80,000원	기본 3시간(초과 시 시간당 3,000원)
회의실3(12석)	20,000원	50,000원	기본 3시간(초과 시 시간당 3,000원)
레크리에이션실(100석)	40,000원	200,000원	기본 3시간(초과 시 시간당 10,000원)

- 사용시간은 06:00~22:00까지임

〈계약 취소 시 요금 환불금액〉

구분	환불
이용일 3일 전	전액 환불
이용일 2일에서 1일 전	반액 환불
이용일 당일	환불 불가

24 다음 중 위 자료를 바르게 이해하지 못한 것은?

① 우린 7월 10일부터 이용하는 것으로 예약했으니 혹시 취소하게 되면 7월 5일쯤에는 전액을 환불받을 수 있군.

② 이번 1박 2일 워크숍 때 연수원 도착 당일 오후 3시부터 7시까지 55명 전체 교육을 진행하려면 70,000원의 시설 사용료를 지불해야 하는군.

③ 다음 주 화요일이 국경일이니 다음 주엔 평일 요금을 받는 날이 이틀밖에 없겠군.

④ 3월 평일에 12명이 2박 3일간 머무른다면, 객실 사용료는 10만 원이 넘겠어.

⑤ A동이 B동보다 객실 수가 더 많고, 1인당 요금도 더 비싸네.

25 다음 〈보기〉의 사례 1과 사례 2의 사용료 차액은?(단, 평일에 이용한다고 가정하며, 최대한 저렴한 방식으로 이용한다.)

> 보기
> • 사례 1 : 7월 15일부터 1박 2일간 4명의 인원이 특2인실을 이용하는 경우
> • 사례 2 : 9월 1일부터 2박 3일간 15명의 인원이 B동을 이용하는 경우

① 56,000원   ② 60,000원

③ 64,000원   ④ 68,000원

⑤ 72,000원

26 다음은 기존주택 전세 임대 사업에 관한 안내문이다. 전세보증금이 2,000만 원일 때, 월 임대료는 얼마인가?

기존주택 전세 임대 사업

저소득계층이 현 생활권에서 안정적으로 거주할 수 있도록 ○○도시공사 등이 기초생활수급자, 보호대상 한부모가족, 장애인 등이 희망하는 기존주택에 대하여 전세계약을 체결한 후 저렴하게 재임대하는 제도입니다.

■ 지원 절차

입주자 모직 공고 → 입주 신청 → 입주자 선정 → 전세 임대 지원 안내 → 입주 희망주택 물색 → 전세 임대 가능 여부 검토 → 전세 및 임대차 계약 체결 → 입주

■ 지원 내역

- 전세금 한도 : 최대 8천만 원
- 임대 조건 : 전세보증금의 5%에 해당하는 입주자부담 보증금+월 임대료

※ 월 임대료=입주자부담 보증금을 제외한 전세보증금×연 이자÷12×1.005(대손충당금)

※ 이자는 전세보증금 2천만 원 이하 연 1%, 2천만 원 초과 4천만 원 이하 연 1.5%, 4천만 원 초과 연 2% 적용

※ 월 임대료 산정 시 10원 미만 절사함

---

① 8,370원

③ 22,670원

⑤ 29,550원

② 15,910원

④ 28,310원

27 다음 〈복약설명서〉에 따라 두 약을 복용할 때 옳은 것은?

〈복약설명서〉

- 가나다정
  - 식전 15분에 복용하는 것이 가장 좋으나 식전 30분부터 식사 직전까지 복용이 가능합니다.
  - 식사를 거르게 될 경우에 복용을 거릅니다.
  - 식이요법과 운동요법을 계속하고, 정기적으로 혈당(혈액 속에 섞여 있는 당분)을 측정해야 합니다.
  - 야뇨를 피하기 위해 최종 복용시간은 오후 6시까지로 합니다.
  - 저혈당을 예방하기 위해 사탕 등 혈당을 상승시킬 수 있는 것을 가지고 다닙니다.
- ABC정
  - 매 식사 도중 또는 식사 직후에 복용합니다.
  - 복용을 잊은 경우 식사 후 1시간 이내에 생각이 났다면 즉시 약을 복용하도록 합니다. 식사 후 1시간이 초과되었다면 다음 식사에 다음 번 분량만을 복용합니다.
  - 씹지 말고 그대로 삼켜서 복용합니다.
  - 정기적인 혈액검사를 통해서 혈중 칼슘, 인의 농도를 확인해야 합니다.

---

① 식사를 거르게 될 경우 가나다정만 복용한다.
② 두 약을 복용하는 기간 동안 정기적으로 혈액검사를 할 필요는 없다.
③ 저녁식사 전 가나다정을 복용하려면 저녁식사는 늦어도 오후 6시 30분에는 시작해야 한다.
④ ABC정은 식사 중에 다른 음식과 함께 씹어 복용할 수 있다.
⑤ 식사를 30분 동안 한다고 할 때, 두 약의 복용시간은 최대 1시간 30분 차이가 날 수 있다.

28 다음 〈조건〉을 바탕으로 정 대리가 이번 달 중국 출장 출발일로 정하기에 가장 적절한 날은 언제인가?(단, 전체 일정이 모두 이번 달 안에 속해 있다.)

〈조건〉

- 이번 달 1일은 월요일이다.
- 이번 달은 31일까지 있다.
- 3박 4일 일정이며 출발일과 도착일이 모두 휴일이 아니어야 한다.
- 현지에서 복귀하는 비행편은 매주 화, 목요일에만 있다.
- 이번 달 셋째 주 화요일에 있을 부서의 중요한 회의에 반드시 참석해야 하며, 회의 후에 출장을 가려 한다.

---

① 12일
② 15일
③ 17일
④ 22일
⑤ 23일

[29~30] 다음은 근로복지공단에서 운영하는 기업복지 향상에 관한 정부지원제도 안내이다. 다음을 읽고 이어지는 물음에 답하시오.

기업복지 향상을 위한 정부지원을 시작합니다.

[1] 공동근로복지기금 지원제도를 시작합니다.

상호 긴밀한 협력관계에 있는 기업 또는 중소기업끼리 상호협력을 통해 기업복지를 높일 수 있도록 지원하겠습니다.

[2] 이런 경우 지원받으실 수 있습니다.

① 대·중소기업(원·하청)이 공동근로복지기금법인을 설립하여 공동으로 기금을 출연할 경우 출연금의 50% 범위 내에서 기금법인당 최대 2억 원까지 지원합니다.

　※ 중소기업은 「중소기업기본법」에 의해 판단함. 단, 공동기금법인 참여기업 간 계열사에 해당하거나, 하나에서 분사된 사업장이거나, 하나의 대기업이 동일 협력업체와 수 개의 기금법인을 설립할 경우에는 지원이 제한됨

② 중소기업끼리 공동근로복지기금법인을 설립하여 공동으로 기금을 출연할 경우에도 출연금의 50% 범위 내에서 기금법인당 최대 2억 원까지 지원합니다.

[3] 매년 출연금의 80%까지 사용할 수 있습니다.

대·중소기업(원·하청) 또는 중소기업끼리 공동근로복지기금법인을 설립하여 공동으로 기금을 출연할 경우, 대기업이 중소기업의 복지향상을 위해 중소기업의 사내근로복지기금에 출연할 경우 정부지원금을 포함한 당해 연도 출연금액의 80%를 근로복지사업에 사용할 수 있습니다.

※ 근로복지사업 : 근로자의 날 행사지원, 체육·문화 활동 지원, 창립기념일·명절 선물비용, 장학금 및 재난구호금, 생활원조를 위한 지원, 모성보호 및 일·가정양립 비용, 주택구입 자금, 우리사주구입비 지원 등

[4] 이런 혜택이 있습니다.

공동근로복지기금 지원제도는 비용지원 이외에도 법인세 및 근로소득에 관한 세제 혜택, 정기근로감독 면제, 정부포상 우선 추천, 도입컨설팅 제공 등 혜택이 주어집니다.

① 세제 혜택 : 출연금은 지정기부금에 해당되어 당기순이익의 100분의 10까지 법인세 손비로 인정되고, 기업소득환류세제상 과세대상 소득에서 차감됩니다.

② 근로소득세 비과세 : 사내기금을 통한 복지혜택은 근로소득에 해당되지 않아 개인별 추가세금이 발생되지 않습니다.

③ 고용부 사업 우대 : 대·중소기업이 공동기금법인을 도입한 경우에 고용노동부에서 실시하는 정기근로감독을 면제합니다. 고용노동부 주관 각종 포상대상 선정 시에 사내(공동)기금지원제도 도입사업장을 우선 추천합니다.

④ 도입지원 제공 : 기금출연 및 설립을 위한 정관 제(개)정 등 각종 절차에 대한 컨설팅을 무료로 지원합니다.

29 안내문의 내용을 바탕으로 다음 〈사례〉에 해당하는 금액을 순서대로 나열한 것은?

〈사례〉
⊙ 갑 산업단지에 있는 대기업 A사가 3억 원, 우수 협력업체 3개사(사내하청 2개소, 사외하청 1개소)가 1억 5천만 원(업체별 각 5천만 원)을 출연하여 공동근로복지기금법인을 설립할 경우의 정부 지원금을 포함한 총 공동기금
ⓛ 을 산업단지에 있는(또는 지역을 달리하는 동종업종인) 중소기업 C사, D사, E사가 각 1억 원씩을 출연하여 출연금 3억 원으로 공동근로복지기금법인을 설립할 경우의 정부지원금을 포함한 총 공동기금
ⓒ 앞선 ⊙과 ⓛ의 경우에서 근로복지사업비로 지출할 수 있는 금액의 합

	⊙	ⓛ	ⓒ
①	4.5억 원	3억 원	6.5억 원
②	4.5억 원	4.5억 원	6.5억 원
③	4.5억 원	6.5억 원	8.8억 원
④	6.5억 원	4.5억 원	8.2억 원
⑤	6.5억 원	4.5억 원	8.8억 원

30 다음 중 위 지원제도에 대한 설명으로 가장 적절하지 않은 것은?

① A대기업이 B중소기업, C중소기업과 각각 별도의 기금을 세울 경우, 지원 대상에 해당된다.
② 기금 출연금은 기업의 이익에 대한 세금 감면 역할을 한다.
③ 사내근로복지기금사업 등의 목적사업에 출연할 경우 정부 지원금 일부를 직원들의 명절 선물비 일부로 사용할 수 있다.
④ 대 · 중소기업(원 · 하청)이 공동근로복지기금법인을 설립하여 공동으로 기금을 출연할 경우 참여 기업별 출연금의 50%씩 지원금을 받는다.
⑤ 대기업의 참여 없이 중소기업 간에도 일정 조건이 갖춰지면 지원제도를 활용할 수 있다.

01 다음 명제가 모두 참일 때 항상 참인 것은?

> • 커피를 좋아하는 사람은 자가용 차량을 가지고 있다.
> • 케이크를 좋아하지 않는 사람은 과일주스를 좋아한다.
> • 자가용 차량을 가지고 있는 사람은 홍차를 좋아하지 않는다.
> • 커피를 좋아하지 않는 사람은 케이크를 좋아하지 않는다.

① 과일주스를 좋아하지 않는 사람은 홍차도 좋아하지 않는다.
② 자가용 차량을 가지고 있지 않은 사람은 케이크를 좋아한다.
③ 과일주스를 좋아하는 사람은 커피와 홍차를 모두 좋아하지 않는다.
④ 홍차를 좋아하지 않는 사람은 커피도 좋아하지 않는다.
⑤ 과일주스를 좋아하는 사람이라면 자가용 차량을 가지고 있다.

02 올해 상반기 면접 전형 응시 대상자가 A~G로 정해졌다. 당일 면접 순서에 대한 설명이 다음과 같을 때, 반드시 거짓인 진술은?(단, 면접은 1:1로 진행된다.)

> • E와 B 사이에는 3명이 면접을 본다.
> • A는 D보다 먼저 면접을 진행한다.
> • A는 네 번째나 다섯 번째 순서이다.
> • C의 면접 순서는 세 번째이다.
> • G는 F보다 먼저 면접을 진행한다.
> • F의 면접 순서는 마지막이 아니다.

① G의 면접 순서는 첫 번째 혹은 두 번째이다.
② A의 면접 순서는 G 바로 다음이 될 수 없다.
③ D의 면접 순서가 가장 마지막이다.
④ C는 G 다음 순서로 면접을 진행할 수 없다.
⑤ E의 면접 순서는 F 다음이 될 수 없다.

03 다음은 A집단의 식습관에 대한 설문조사 결과이다. 전제 1과 2로 도출한 결론이 다음과 같을 때 전제 2에 해당하는 것은?

전제 1 : 아침을 먹는 학생은 저녁을 먹는다.
전제 2 : _____
결론 : 간식을 먹지 않는 학생은 아침을 먹지 않는다.

① 저녁을 먹는 학생은 간식을 먹지 않는다.
② 저녁을 먹지 않는 학생은 간식을 먹는다.
③ 저녁을 먹지 않는 학생은 아침을 먹는다.
④ 간식을 먹지 않는 학생은 저녁을 먹지 않는다.
⑤ 아침을 먹는 학생은 간식을 먹지 않는다.

04 누군가의 부주의로 회의실에 있던 유리 장식품이 깨졌다. 당시 회의를 준비 중이었던 A, B, C, D, E 중 1명이 장식품을 깨뜨렸고 이들 중 2명이 거짓말을 하고 있다면 장식품을 깨뜨린 사람은 누구인가?

A : 장식품을 깬 사람은 B입니다.
B : 장식품을 깬 사람은 C입니다.
C : B는 거짓말을 하고 있습니다.
D : E는 거짓말을 하고 있습니다.
E : 저는 장식품을 깨지 않았습니다.

① A
② B
③ C
④ D
⑤ E

05 정부는 국민건강증진과 교통약자·보행자 안전대책 차원에서 음주운전 판정 기준인 혈중알코올 농도를 현행 0.05%에서 0.03%로 강화하는 방안을 추진하겠다고 밝혔다. 아래의 표는 음주상태를 측정하는 방법 중 하나로, 운전 당시 혈중알코올 농도를 계산하는 〈위드마크 공식〉이다. 〈위드마크 공식〉에 따라 산정한 운전자 중 음주운전 기준 강화 전에는 음주운전 판정을 받지 않았으나 강화 후에는 음주운전 판정을 받은 운전자는 누구인가?(단, 계산 시 소수점 셋째 자리에서 반올림한다.)

〈위드마크 공식〉

$$C=A\div(P\times R\times 10)$$

- C＝혈중알코올 농도 최고치(%)
- A＝섭취한 알코올의 양[음주량(mL)×알코올 도수(%)×0.8]
- P＝운전자의 체중(kg)
- R＝성별에 대한 계수(남자 0.7, 여자 0.6)

위 공식에 의해 계산된 수치는 음주 후 30분이 경과한 시점에서의 혈중알코올 농도 최고치를 의미하므로 경과한 시간을 감안하여 수치를 조절해야 한다.

음주운전 당시 혈중알코올 농도(%)＝혈중알코올 농도 최고치(C)−음주 후 경과시간×0.015

⃝예 체중이 60kg인 성인남자가 25도짜리 소주 180mL를 마시고 2시간 30분 후 음주사고를 낸 경우
$$C=180\times 0.25\times 0.8\div(60\times 0.7\times 10)=0.085\%$$
사고 시점은 음주 이후 2시간 30분이 경과한 때이므로 0.085−(2×0.015)=0.055%이다.

운전자	체중(kg)	알코올 도수(%)	음주량(mL)	성별	음주 후 경과시간
가혁	80	25	140	남	2시간 30분
나라	65	20	160	여	3시간 30분
다희	55	15	150	여	3시간 30분
라준	95	40	100	남	2시간 30분
마현	70	15	200	남	1시간 30분

① 가혁   ② 나라
③ 다희   ④ 라준
⑤ 마현

[06~07] 다음은 차량 종류별 세금과 최초 등록일 기준 연수에 따른 자동차세 경감률을 정리한 자료이다. 이어지는 물음에 답하시오.

〈차량 종류별 세금〉

■ 승용차

1대당 연세액			
영업용		비영업용	
배기량	cc당 세액	배기량	cc당 세액
1,000cc 이하	18원	1,000cc 이하	80원
1,600cc 이하	18원		
2,000cc 이하	19원	1,600cc 이하	140원
2,500cc 이하	19원		
2,500cc 초과	24원	1,600cc 초과	200원

■ 승합자동차

화물적재적량	1대당 연세액	
	영업용	비영업용
고속버스	100,000원	–
대형전세버스	70,000원	–
소형전세버스	50,000원	–
대형일반버스	42,000원	115,000원
소형일반버스	25,000원	65,000원

■ 화물자동차

화물적재적량	1대당 연세액	
	영업용	비영업용
1,000kg 이하	6,600원	28,500원
2,000kg 이하	9,600원	34,500원
3,000kg 이하	13,500원	48,000원
4,000kg 이하	18,000원	63,000원
5,000kg 이하	22,500원	79,500원
8,000kg 이하	36,000원	130,500원
10,000kg 이하	45,000원	157,500원

■ 특수자동차

구분	1대당 연세액	
	영업용	비영업용
대형특수자동차	36,000원	157,500원
소형특수자동차	13,500원	58,500원

■ 삼륜 이하 소형 자동차

1대당 연세액	
영업용	비영업용
3,300원	18,000원

〈연수에 따른 일정부분 할인 세율〉

차령	경감률(%)
1~2년	0
3년	5
4년	10
5년	15
6년	20
7년	25
8년	30
9년	35
10년	40
11년	45
12년 이상	50

※ 차령은 차량 구입일이 포함된 연도를 차령 1년으로 하여 계산한다.
※ 차령경감률은 등록 후 3년이 되는 해부터 1년에 5%씩 최대 50%까지 경감되며 상·하반기 모두 적용된다.

06 가영이는 ○○기업에 입사하자마자 개인 용무를 보기 위한 용도로 승용차를 구매하였으며 산 지 반년도 채 되지 않았다. 배기량이 1,800cc라면 실질적으로 납부해야 할 자동차세는 얼마인가?(단, 납부금액에 지방교육세 30%가 포함된다.)

① 448,000원
② 468,000원
③ 488,000원
④ 508,000원
⑤ 528,000원

07 납부해야 하는 자동차세를 계산한 것으로 옳지 않은 것은?(단, 지방교육세는 고려하지 않는다.)

① 영업용 승용차, 4,000cc, 차령 3년   91,200원
② 영업용 대형전세버스, 차령 5년   59,500원
③ 적재적량 4,500kg 영업용 화물자동차, 차령 2년   22,500원
④ 비영업용 대형특수자동차, 차령 8년   90,250원
⑤ 비영업용 삼륜 이하 소형 자동차, 차령 4년   16,200원

08 △△회사에서 근무하는 직원들은 매년 1월마다 돌아오는 연말정산이 다가와 의료비를 공제받으려고 한다. 사원 A, B, C, D, E의 〈사원 의료비 내역 자료〉를 보고 판단했을 때, 세액공제받는 금액이 두 번째로 많은 사원은 누구인가?(단, A~E의 의료비는 모두 공제대상이다.)

〈의료비 세액공제〉
• 근로소득자가 지출한 의료비에 대한 공제로 의료비 지출액이 총 급여액의 3% 초과할 경우 초과한 부분에 대해 15% 세액공제해주는 제도이며, 연 700만 원 한도 내에서 세액공제를 받을 수 있다.
• 장애인, 65세 이상자를 위한 의료비, 난임시술비는 연간 한도금액을 적용받지 않는다.
• 난임시술비는 다른 의료비보다 높은 세액 공제율인 20%를 적용한다.

〈의료비 세액공제 대상액 계산법〉
① 일반적인 세액공제(700만 원 한도) : 의료비 총액−총 급여액×3%=공제대상 의료비
② 공제대상 의료비가 700만 원을 초과하는 경우
    ㉠ 한도 초과금액=의료비 총액−총 급여액×3%−700만 원
    ㉡ 본인, 장애인, 65세 이상자를 위한 의료비, 난임시술비 합계액
    ㉢ ㉠, ㉡ 중 적은 금액+700만 원=공제대상 의료비

〈사원 의료비 내역 자료〉

구분	의료비 총액(원)	총 급여액(원)	비고
A	2,300,000	24,000,000	
B	5,000,000	36,000,000	난임시술비 500만 원 지출
C	7,580,000	28,000,000	
D	12,000,000	50,000,000	67세 부모님 수술비 1,200만 원 지출
E	800,000	22,500,000	

① 사원 A   ② 사원 B
③ 사원 C   ④ 사원 D
⑤ 사원 E

〈복지용구 급여 이용절차〉

• 복지용구 계약 전 확인사항

 − 복지용구를 이용하려면 장기요양인정서, 표준장기요양 이용계획서, 복지용구급여확인서가 필요합니다.

 − 수급자는 급여품목 중 신체기능상태에 따라 필요하다고 공단이 인정한 품목을 구입 또는 대여할 수 있습니다 (복지용구급여확인서 : '사용이 가능한 복지용구'만 이용 가능).

 − 수급자는 복지용구를 연 한도액 범위 안에서 제공받을 수 있으며, 연 한도액은 160만 원입니다(단, 본인부 담금이 아닌 복지용구의 정상가를 기준으로 산정).

• 복지용구 계약

 − 복지용구사업소에 방문 후 계약을 체결합니다.

 − 수급자 중「국민기초생활보장법」에 따른 의료급여 수급자나 기타 의료급여 수급자는 관할 시군구에 입소이 용신청 · 승인 후 급여계약을 진행해야 합니다.

• 복지용구를 이용할 때 수급자 본인부담률은 다음과 같습니다.

일반대상자	타법령에 따른 의료급여 수급자	「국민기초생활보장법」에 따른 의료급여 수급자
15%	6%	면제

• 복지용구 내구연한

 − 내구연한이 경과한 제품 중 제품의 외형 및 작동 상태에 이상이 없는 제품 등은 내구연한의 1/2 기간 내에 서 연장하여 대여할 수 있습니다.

 − 연장 대여기간 동안 대여하고자 하는 경우 '복지용구 연장 대여기간 이용 동의서'를 작성하여야 합니다.

 − 내구연한 경과 제품을 대여하는 기간에는 기존 월 대여료보다 인하된 비용으로 대여할 수 있습니다.

구입 품목		대여 품목	
복지용구 급여품목	내구연한 및 연한도 내 구입 가능 개수	복지용구 급여품목	내구연한
이동변기	5년	수동침대	10년
목욕의자	5년	수동휠체어	5년
성인용 보행기	5년	이동욕조	5년
욕창예방방석	3년	배회감지기	5년
자세변환용구	5개 한도	전동침대	10년
지팡이	2년	경사로	8년
간이변기	2개 한도	욕창예방매트	3년
안전손잡이	4개	한도 목욕리프트	3년
미끄럼방지양말	6켤레 한도		
미끄럼방지매트	5개 한도		

※ 품목별 세부 가격 별도 기재

※ 욕창예방매트 급여방식 : 대여 → 대여 또는 구입

※ 요실금팬티 급여기준 : 연 한도액(160만 원)범위 내 최대 4개 이용 가능

09 다음 중 복지용구 급여 이용절차가 잘못 적용된 사례는?

① A씨는 장기요양인정서, 표준장기요양 이용계획서를 지참하고 처음으로 복지용구급여확인서를 발급받아 복지용구사업소에서 지팡이 1개를 구입가의 15% 가격으로 구입했다.

② 「국민기초생활보장법」에 따른 의료급여수급자 B씨는 관할시에서 입소이용을 승인받은 후 별도의 지불비용 없이 목욕리프트를 대여받았다.

③ 3년 전 욕창예방매트를 대여해 사용해 온 C씨는 '복지용구 연장 대여기간 이용 동의서'를 작성한 후 기존 월 대여료보다 저렴한 비용으로 3년 더 이용하게 되었다.

④ 복지용구 수급자인 D씨는 올해 총 140만 원어치 복지용구를 제공받았고, 추가로 목욕의자가 필요해져 20만 원을 넘지 않는 모델을 선택하여 복지용구 계약을 체결했다.

⑤ 욕창예방매트를 대여해서 사용해온 E씨는 2023년 2월 욕창예방매트와 요실금팬티 4개의 구입을 위해 계약을 체결했다.

10 타법령에 따른 의료급여 수급자인 K씨는 올해 1월 전동침대 신규 대여에 관하여 급여계약을 완료하였다. K씨가 선택한 모델이 SHM 300일 때 K씨가 한 해 동안 납부하게 될 총액은? (단, 대여 가능한 제품 목록은 아래와 같고 10원 미만은 절사한다.)

<표>

구분	제품코드	모델명	대여(월)	
			대여금액	
			내구연한	연장대여
1	S03090105002	CONBLE GB2	66,900	33,500
2	S03090105011	KHB-870	127,000	63,500
3	S03090105035	Molet for U	94,600	47,300
4	S03090105032	SBM 220	66,600	33,300
5	S03090105041	SBM 310	66,600	33,300
6	S03090335122	SHM 300	70,400	35,200
7	S03090335028	SM 310	75,200	37,600
8	S03090795031	FBK 720	77,600	38,800
9	S03090795055	FBK 750N	67,700	33,900
10	S03090795148	KUB 150	106,000	53,000

〈대여용 전동침대 가격 안내〉

① 50,640원
③ 97,560원
⑤ 126,720원
② 63,360원
④ 119,880원

11 다음은 SNS 인플루언서의 SWOT 분석 내용이다. 분석 결과에 대응하는 적절한 전략이 아닌 것은?

강점(Strength)	• 콘텐츠 창작 및 큐레이션 능력 우수함 • 팔로워 다수. 2년 이상된 콘텐츠 구독자 다수 • 팔로워들의 성향이 피드백에 적극적이고 상호 소통이 원활함
약점(Weakness)	• 투자 자본 부족 • 상품 기획 · 제작 · 검수 및 사업체 경영 관련 경험 부족 • 비전문가 이미지
기회(Opportunity)	• 생산 대행 공장 증가에 따라 생산 원가 절감 • 신속하고 저렴한 전국적 운송망 • SNS 소개 상품에 대한 구입 요청 증가
위협(Threat)	• 일부 부정적 경영 사례가 이슈화되어 인플루언서 소셜 마켓에 대한 안티 강화 • 저품질 · 훼손 상품에 대한 소비자 고소 및 대규모 보이콧 증가 • 경쟁자 증가

구분	강점(Strength)	약점(Weakness)
기회 (Opportunity)	− 소구력을 자극하는 콘텐츠 지속적 업로드 ① 다수의 팔로워들의 제작 요청을 토대로 기획한 상품을 생산 대행 공장에 발주	② SNS 소개 상품 중 투자비용이 적은 상품의 판매 행사 기획 ③ 상품 훼손율이 낮고 배송 속도가 빠른 배송업체 결정
위협 (Threat)	− 지속적 소통으로 신뢰도를 높여 진정성 있는 이미지 확보 및 경쟁력 강화 ④ 충성 팔로워들의 적극적 피드백을 통해 상품 관련 불만 파악 및 대응	− 상거래 관련 컨설팅 문의 및 판매상품 관련 전문성을 어필하는 콘텐츠 게시 ⑤ 판매상품 검수 기준 강화 및 불량상품 보상 기준 완화를 통한 불만 해소

12 A씨는 공기청정기 한 대를 지정해 스마트홈 ONE 서비스 3년 약정을 신청하였으나, 사정이 발생하여 서비스를 이용한 지 18개월만에 계약을 해지하려고 한다. A씨가 지불해야 하는 위약금은?

〈SMART HOUSE 안내〉

통신사와 관계없이 스마트폰과 Wi-Fi가 되는 유무선 공유기와 스마트 디바이스만 있으면 SMART HOUSE를 만날 수 있습니다. SMART HOUSE의 다양한 기기를 연결하여 원격 제어를 통해 편리한 생활을 누리세요. 홈네크워크 연동 조명부터 엘리베이터 호출까지, 앱 하나로 제어 및 관리해보세요.

〈요금제 안내〉

선납형(1회 청구)	후불형(월정액)	
스마트홈 선납이용료	스마트홈 모두쓰기	스마트홈 ONE
해당 기기에 대해서만 서비스 평생 무료	기기 대수 상관없이 한 번만	기기당 부과
기기 당 55,500원	• 3년 약정 : 월 9,900원 • 2년 약정 : 월 12,100원 • 1년 약정 : 월 14,300원 • 무약정 : 월 16,500원	• 3년 약정 : 월 1,100원 • 2년 약정 : 월 1,650원 • 1년 약정 : 월 2,200원 • 무약정 : 월 3,300원
※ 구매한 기기 등록 후 서비스 평생 무료 이용	※ 구매한 기기 등록 후 권한의 범위에서 바로 사용 가능 ※ 위 요금제 외, 당사 정책 및 프로모션 시행 시 추가 할인 적용 가능	

• 스마트홈 기기 구입대금은 별도입니다.
• 서비스 이용을 위한 Wi-Fi 환경은 당사 인터넷 가입 고객이 아니어도 가능합니다(타사 인터넷 고객도 가능).
• 서비스 이용 도중 약정기간 내 해지 시 할인반환금이 청구됩니다.

〈후불형 요금제(월정액) 서비스 위약금 규정〉

3년 약정		2년 약정		1년 약정	
이용기간	할인반환금	이용기간	할인반환금	이용기간	할인반환금
~6개월	100%	~6개월	100%	~3개월	100%
~12개월	50%	~12개월	60%	~6개월	50%
~18개월	25%	~16개월	35%	~12개월	0%
~24개월	10%	~20개월	−15%		
~30개월	−20%	~24개월	−40%		
~36개월	−50%				

※ 할인반환금 산정의 기초금액은 무약정 이용료와 할인된 이용료의 차액(할인금)이며, 할인반환금 테이블의 구간별 반환금을 누적하여 산정됩니다.

① 5,200원   ② 8,400원
③ 9,900원   ④ 12,500원
⑤ 16,800원

13 A공사 개발팀 5명은 ○월 ○일 오전 10시부터 오후 6시까지 H월드로 가족 동반 야유회를 가기로 하였다. 총무를 맡은 J대리는 참석 인원을 파악하여 H월드 이용 요금을 산정하려 한다. H월드 입장 요금 규정과 참석자 명단이 다음과 같다면 개발팀 야유회 비용 중 H월드 입장에 드는 총 비용은?(단, 동반 가족의 입장료도 개발팀에서 지원하며 개발팀 5명의 가족 구성원 중 미참석자는 없다.)

〈H월드 입장 요금〉

1. 입장권 안내

종류	대인	청소년	소인/경로	유아
주간권	56,000원	47,000원	44,000원	무료
야간권(17시~)	46,000원	40,000원	37,000원	무료

※ 경로 : 만 65세 이상 / 청소년 : 만 13~18세 / 소인 : 36개월~만 12세 / 유아 : ~36개월

2. 우대 안내

① 장애인 우대(장애인등록증 제시)
  – 1일 입장권(1~3급 본인+동반 1인, 4급 이하 본인) 우대가로 구입 가능

구분		주간권	야간권
입장권	대인	33,000원	27,000원
	청소년	28,000원	24,000원
	소인/경로	26,000원	23,000원

② 국가유공자 우대(증명서류 제시)
  – 본인+동반 1인, 1일 입장권 50% 우대가로 구입 가능

구분		주간권	야간권
입장권	대인	28,000원	23,000원
	청소년	23,500원	20,000원
	소인/경로	22,000원	18,500원

③ 다자녀 가정 우대
  – 1일 입장권 우대가로 구입 가능
  – 우대 대상 : 막내 자녀가 만 15세 이하인 3명 이상의 다자녀 가정의 부부와 직계자녀
  – 해당 가정 내 일부 가족만 이용 시에도 혜택 적용

구분		주간권	야간권
입장권	대인	44,000원	36,500원
	청소년	37,000원	32,000원
	소인/경로	35,000원	29,000원

④ 임신부 우대(산모수첩 혹은 임신확인서 제시)
  – 1일 입장권(임신부 본인) 우대가로 구입 가능

구분		주간권	야간권
입장권	대인	47,000원	38,000원

〈개발팀 야유회 참석자 명단〉		
참석자		**비고**
B과장 가족	B과장	만 45세
	배우자	만 40세
	자녀1	만 16세
	자녀2	만 14세
	자녀3	만 12세
J대리 가족	J대리	만 30세
	배우자	만 30세, 임산부(산모수첩 소지)
	자녀1	만 1세
L주임 가족	L주임	만 30세, 국가유공자(증명서류 소지)
	배우자	만 26세
P주임	P주임	만 28세, 4급 장애인(장애인등록증 소지)
E사원	E사원	만 28세

① 368,000원

② 427,000원

③ 445,000원

④ 483,000원

⑤ 515,000원

14 한 음원사이트에서 올해의 앨범상을 받을 후보로 A, B, C, D, E 총 5개의 그룹이 선정되었다. 해당 사이트의 회원을 대상으로 투표가 이뤄지며, 아래의 수상 그룹 결정 방식에 따라 투표 결과를 얻는다면, 수상 그룹은?

■ 투표 방식과 투표 결과
- 해당 사이트 회원은 한 번의 투표를 할 수 있으며, 가장 선호하는 1순위 후보 그룹 하나와 그 다음으로 선호하는 2순위 후보 그룹 하나를 투표한다.
- 회원 1만 명이 모두 참여한 투표의 결과를 정리하면 다음과 같다.

사이트	투표 내용		회원 수
	1순위	2순위	
ㄱ	A	B	2,500명
ㄴ	C	B	1,800명
ㄷ	A	C	2,000명
ㄹ	B	A	2,000명
ㅁ	D	C	500명
ㅂ	E	A	1,200명

■ 수상 그룹 결정 방식
- 1순위 표 과반수를 얻은 그룹을 수상 그룹으로 한다.
  ※ 만약 1순위 표 과반수를 얻은 그룹이 없다면 다음의 방식을 적용한다.
- 1순위 최소의 표를 받은 그룹은 후보에서 제외된다. 제외된 후보 그룹이 받은 표는 그 표를 행사한 회원들이 2순위로 선호한 그룹으로 넘어간다. 이 넘겨진 표를 받은 후보 그룹의 1순위 표와 합산한다.
- 과반수의 표를 얻은 그룹이 나올 때까지 위의 과정을 반복한다.

① 그룹 A
② 그룹 B
③ 그룹 C
④ 그룹 D
⑤ 그룹 E

[15~16] 다음은 한 음료 제조업체의 생산 공정에 관한 주요 사항이다. 이어지는 질문에 답하시오.

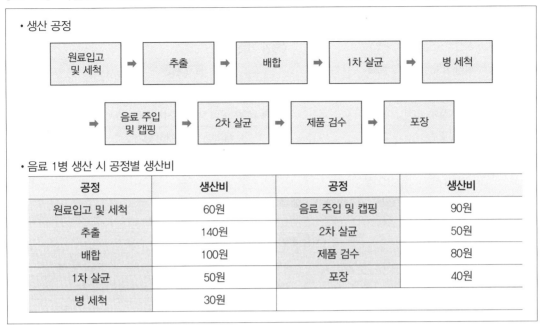

- 생산 공정

원료입고 및 세척 → 추출 → 배합 → 1차 살균 → 병 세척 → 음료 주입 및 캡핑 → 2차 살균 → 제품 검수 → 포장

- 음료 1병 생산 시 공정별 생산비

공정	생산비	공정	생산비
원료입고 및 세척	60원	음료 주입 및 캡핑	90원
추출	140원	2차 살균	50원
배합	100원	제품 검수	80원
1차 살균	50원	포장	40원
병 세척	30원		

15 공장 혁신으로 스마트공장을 구현함에 따라 원료입고 및 세척과 제품 검수 공정을 제외한 전 공정의 생산비를 10% 절감하게 되었다. 음료 100병 생산 시 절감한 비용은 얼마인가?

① 4,500원
② 4,800원
③ 5,000원
④ 5,200원
⑤ 5,500원

16 기존에 음료 200병을 생산하면 그중 30병이 불량품이었으나, 공장 혁신으로 같은 수량 생산 시 불량품이 10병으로 줄어들었다. 제품 정가가 생산비의 2배일 때, 음료 500병을 생산한다면 기존 대비 증가한 판매수익은 얼마인가?(단, 판매수익은 '판매액 - 생산액'이며, 불량 관련 비용 외에 다른 변동사항은 없다고 가정한다.)

① 48,000원
② 52,000원
③ 56,000원
④ 64,000원
⑤ 70,000원

17 K은행은 2025년 하반기 상호금융특별회계 일반거래증권사 선정을 위해 입찰한 4개 증권사를 평가 중이다. 다음 평가 기준에 따라 최종 선정하려 할 때, 옳은 것은?

〈평가 기준〉

평가 항목	배점	평가 내용
수수료	40점	제안수수료에 대해 평가
리서치자료	15점	본회 요청자료에 대한 리서치 제공 횟수 평가
세미나 및 IR	20점	세미나 및 IR 개최 평가
주식운용 평가	25점	개별 증권사 운영 기여도 정성평가
합계	100점	–

※ 감점 사항 : 체결수량 불일치, 가격착오매매 등에 대해 건당 1점씩 감점

〈시중 4개 증권사 평가 내역〉

평가 항목	M사	K사	J사	D사
수수료	( )	( )	( )	( )
리서치자료	11	8	13	5
세미나 및 IR	15	17	15	16
주식운용평가	22	19	18	23

① 수수료 항목을 제외한 점수만 고려할 때 증권사 2곳은 공동 2위이다.
② 수수료 항목에서 모두 만점을 받는다면 모든 증권사의 총점은 85점 이상이다.
③ 수수료 점수가 모두 같은 경우 M사가 가격착오매매가 3건 있었다면 순위는 바뀐다.
④ D사를 제외한 3곳의 수수료 점수가 모두 35점이라면 D사는 해당 항목에서 만점을 받더라도 선정될 수 없다.
⑤ K사의 수수료 점수가 J사보다 1점만 높아도 순위가 뒤바뀐다.

[18~19] 최근 여러 화장품 업체에서 앞다투어 다양한 립 제품을 선보이고 있다. 다음은 출시된 신제품의 항목별 평가점수이다. 이어지는 질문에 답하시오.

(단위 : 점)

구분	A제품	B제품	C제품	D제품	E제품
성분	3.5	1.8	4.3	2.7	3.1
지속력	2.6	4.7	3.2	4.0	3.3
디자인	3.1	3.9	2.7	4.6	3.5
가격	4.4	3.6	3.1	3.0	4.0
트렌드	4.8	4.3	2.8	3.1	3.3

18 개인별 선호도를 고려할 때 구매할 제품이 바르게 연결된 것은?(단, 소비자는 선호 요인의 점수를 더하여, 점수가 가장 높은 제품을 선택한다.)

① 트렌드와 디자인을 중시하는 K는 A제품을 구매한다.
② 성분과 지속력을 중시하는 J는 D제품을 구매한다.
③ 가격과 성분을 중시하는 Y는 C제품을 구매한다.
④ 지속력과 트렌드를 중시하는 I는 B제품을 구매한다.
⑤ 디자인과 가격을 중시하는 S는 E제품을 구매한다.

19 전체 평점과 시장 반응이 상관관계를 보였다고 할 때, 판매량이 가장 많을 것으로 예상되는 제품은?

① A제품
② B제품
③ C제품
④ D제품
⑤ E제품

[20~21] 다음은 Y시 평생교육문화센터의 봄 학기 수강시간표이다. 자료를 바탕으로 이어지는 물음에 답하시오.

강좌명	요일	시간	강의실	재료비
양말인형 만들기	월/수	10:00~12:00	201호	20,000원
프랑스 자수	화/목	10:00~12:00	201호	60,000원
가죽공예	월/금	10:00~12:00	202호	100,000원
패브릭아트	월/금	13:00~15:00	202호	60,000원
수채화 캘리그라피	화/목	13:00~15:00	201호	40,000원
팝아트 초상화	월/수	13:00~15:00	201호	40,000원
꽃꽂이	화/목	13:00~15:00	202호	100,000원
허브티 바리스타	화/목	10:00~12:00	202호	20,000원

20 다음 대화 내용을 참고할 때, 빈칸 ㉠과 ㉡에 들어갈 과목을 바르게 나열한 것은?

A : B씨, 봄 학기 문화센터 수업 신청했어요? 저는 (㉠)을/를 신청했는데, 월요일이랑…. 또 무슨 요일이었지? 아무튼 주 2회 수업이 있어요. 재료비가 가장 비싼 과목이라서 고민했는데, 그래도 신청하니까 기대돼요.
B : 앗! 정말요? 저는 (㉡)을/를 신청했어요. 화요일과 목요일 오후 201호 강의실에서 수업이 있어요.

	㉠	㉡
①	가죽공예	수채화 캘리그라피
②	패브릭아트	꽃꽂이
③	팝아트 초상화	프랑스 자수
④	가죽공예	꽃꽂이
⑤	패브릭 아트	수채화 캘리그라피

21 다음 사례에서 납입할 재료비 총액은 얼마인가?

> 월요일과 수요일은 오전에만 수업을 듣는다. 화요일과 목요일 오전에는 201호 강의실에서 수업을 듣고, 오후에는 강의실을 옮겨 수업을 듣는다.

① 120,000원
② 140,000원
③ 160,000원
④ 180,000원
⑤ 200,000원

22 다음은 어느 대학 입학처에서 진행하는 정시전형에 따른 성적 반영 계산법이다. 입학처에서 반영점수 총점이 가장 높은 지원자부터 합격 전화를 줄 예정이라면, 전화 순서가 바르게 나열된 것은?(단, 수능 반영비율은 100%이다.)

> ■ 대학수학능력시험 성적 반영
> • 반영영역 및 반영 비율(%)

계열	국어	수학		영어	사탐/과탐
		A	B		
인문	35	20		25	20
자연	20	35			

> • 반영점수 산출 방법
>
> – 백분위 점수 평균 $=\Sigma($반영영역 백분위 점수 $\times \dfrac{\text{반영영역 반영비율 (\%)}}{100})$
>
> – 반영점수 $=$ 백분위 점수 평균 $\times \dfrac{\text{수능 반영비율(\%)}}{10}$
>
> ■ 해당 대학 지원자의 대학수학능력시험 백분위 성적

지원자	지원 계열	국어	수학	영어	사탐/과탐
갑	인문	90	80(A)	70	85(사탐)
을	자연	80	84(B)	80	95(과탐)
병	자연	70	70(A)	80	80(과탐)

> ※ 수학 A형을 선택하는 경우 해당 영역 백분위 점수의 15%를 가산점으로 부여

① 갑 – 을 – 병
② 갑 – 병 – 을
③ 병 – 을 – 갑
④ 병 – 갑 – 을
⑤ 을 – 병 – 갑

23 다음 소개된 주소 부여 원칙을 따를 때 〈보기〉에서 옳지 않은 것을 모두 고르면?

■ 도로명주소의 표기방법

시도/시군구/읍면	+	도로명	+	건물번호

- 도로명은 붙여 쓴다.
- 도로명과 건물번호 사이는 띄어 쓴다.

■ 도로명 부여 대상 도로별 구분
- 대로 : 도로의 폭이 40미터 이상 또는 왕복 8차로 이상인 도로
- 로 : 도로의 폭이 12미터 이상 40미터 미만 또는 왕복 2~7차로인 도로
- 길 : '대로'와 '로' 외의 도로

■ 규칙
- 건물번호
  - 20m 간격으로 부여
  - 도로 시작점에서 왼쪽은 홀수, 오른쪽은 짝수를 부여
  - 건물 사이에 여러 건물이 있는 경우 하이픈을 사용
    - **예** 1과 3 사이에 있는 건물은 1-1, 1-2로 번호 부여

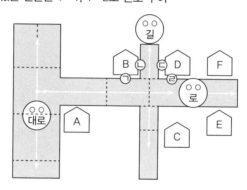

- 건물번호 부여 방법
  - 2개의 도로에 출입구가 접한 경우 큰 도로의 출입구를 기준으로 하여 건물번호 부여

보기

(가) 새 주소 표기 시 '국회대로62길 9'는 바른 표기이다.

(나) 두 개의 도로에 출입구가 접한 B와 D의 경우, 출입구 ㉠과 ㉢을 기준으로 하여 건물번호를 부여한다.

(다) B를 제외한 나머지는 건물번호로 짝수를 부여받는다.

---

① (가)
③ (다)
⑤ (나), (다)

② (나)
④ (가), (다)

24 이번 달 K공사의 기획본부와 관리본부에서는 당직 근무를 서야 한다. 기획본부에서 당직 근무가 가능한 인원은 갑, 을, 병, 정 4명이며, 관리본부에서 당직 근무가 가능한 인원은 A, B, C, D, E, F 6명으로 각 본부에서 한 명씩 2인 1조를 이루어 주말을 포함하여 한 달 동안 매일 당직 근무를 서야 한다. 1일에 병과 A가 함께 근무를 서고 한 명씩 돌아가며 근무가 이어질 경우, 이번 달에 함께 근무를 서지 않는 조합은 어느 것인가?(단, 한 달은 30일이며 근무 순서는 병, 정, 갑, 을/A, B, C, D, E, F 순으로 반복된다.)

① 정과 C   ② 갑과 E

③ 을과 B   ④ 병과 E

⑤ 을과 F

25 다음은 〈열차번호 부여 기준〉이다. 〈보기〉의 열차에 부여될 열차 번호로 가장 옳은 것은?

〈열차번호 부여 기준〉

■ 차종별 여객 열차번호

고속열차 (KTX, SRT)	ITX-새마을	무궁화(누리로)	ITX-청춘	통근열차
101~899	1,001~1,199	1,201~1,999	2,001~2,499	2,701~2,799

■ 노선별 열차번호

구분	KTX	ITX-새마을	무궁화
경부선	101~286	1,001~1,030	1,201~1,250
경전선	401~446	1,041~1,060	1,261~1,280
동해선	451~492	1,061~1,100	1,291~1,399
호남선	501~586	1,101~1,104	1,400~1,499
전라선	701~782	1,111~1,118	1,501~1,899

※ 모든 열차는 서울을 기준으로 지방으로 가는 열차(하행)일 때 홀수 번호, 서울로 올라오는 열차(상행)일 때 짝수 번호 사용

※ ITX-청춘과 통근열차는 상행선과 하행선으로만 구분

보기

부산으로 가는 경부선 ITX-새마을호 열차

① 501   ② 1,270

③ 1,102   ④ 1,562

⑤ 1,029

[26~27] 다음은 K사에서 생산되는 제품에 대한 번호 부여 방식이다. 이를 바탕으로 이어지는 물음에 답하시오.

제품번호 부여 방식

• 본 구역에서 생산되는 제품들은 생산 지역과 생산 일자, 제품의 품목, 품목별 생산 순서 순으로 제품번호를 부여받는다.

• 생산 지역별 코드

생산지	A공장	B공장	C공장	D공장
코드	BW	AX	MA	FD

• 제품 품목별 코드

제품	소도구	약품	포장재
코드	HT	MC	RP

• 6월 생산 일정

일정	6월 1~10일	6월 11~20일	6월 21~30일
생산 제품	• A공장 : 소도구 200개, 약품 150개 • C공장 : 포장재 100개	• B공장 : 포장재 250개 • D공장 : 소도구 100개	• A공장 : 포장재 100개 • B공장 : 약품 150개 • C공장 : 소도구 200개

※ 제품번호 중 생산 순서는 매일 초기화하여 새로운 번호를 부여한다.

예 6월 21일 A공장에서 198번째로 생산된 소도구 : BW0621HT198

---

26 다음 제품에 해당하는 코드로 옳은 것은?

6월 15일 D공장에서 42번째로 생산된 소도구

① FD0615HT042
② AX0615HT042
③ AX0615RP042
④ FD0615MC042
⑤ FD0615RP042

27 생산부 H대리는 이번 달 담당 구역에서 생산한 제품들 중 제품번호가 잘못 부여된 것이 있다는 보고를 듣고 해당 제품을 찾아내 수거하려고 한다. '제품번호 부여 방식'을 참고할 때, 〈보기〉에서 제품번호가 잘못 부여된 제품은 총 몇 개인가?

보기

AX0616RP158	BW0625MC271	FD0611HT108
MA0622RP096	FD0613HT009	MA0624HT062
BW0609MC096	AX0616RP157	AX0618RP211

① 1개
② 3개
③ 5개
④ 6개
⑤ 7개

28 다음 명제가 모두 참일 때 옳지 않은 것은?

- 논설가나 극작가는 모두 인문학 전공자이다.
- 인문학 전공자 중 남자는 모두 논설가이다.
- 인문학 전공자인 여자 중 극작가는 없다.
- 극작가이면서 논설가인 사람이 적어도 한 명 있다.

① 여자 극작가는 없다.
② 극작가 중 남자가 있다.
③ 극작가는 모두 논설가이다.
④ 극작가이면서 논설가인 사람은 모두 남자이다.
⑤ 인문학을 전공한 남자는 극작가이면서 논설가이다.

29 다음과 같이 8명이 앉을 수 있는 일자 테이블에 기획팀, 사업지원팀, 영업팀이 모여서 회의를 진행한다. 자리 배치가 다음 〈조건〉을 따를 때 ⓐ~ⓗ의 자리배치 순서로 가장 적절한 것은?

ⓐ	ⓑ	ⓒ	ⓓ	ⓔ	ⓕ	ⓖ	ⓗ

〈조건〉
- 같은 팀끼리는 바로 옆자리에 앉지 않는다.
- 사업지원팀은 2명만 참석했으며, ⓐ석과 ⓖ석에 앉는다.
- ⓓ석에는 기획팀이 앉는다.
- 기획팀은 4명 참석했다.

① 사업지원팀 → 영업팀 → 영업팀 → 기획팀 → 영업팀 → 기획팀 → 사업지원팀 → 기획팀
② 사업지원팀 → 기획팀 → 영업팀 → 기획팀 → 영업팀 → 기획팀 → 사업지원팀 → 영업팀
③ 사업지원팀 → 기획팀 → 영업팀 → 기획팀 → 영업팀 → 기획팀 → 사업지원팀 → 기획팀
④ 사업지원팀 → 기획팀 → 사업지원팀 → 기획팀 → 영업팀 → 기획팀 → 사업지원팀 → 기획팀
⑤ 사업지원팀 → 영업팀 → 기획팀 → 기획팀 → 영업팀 → 기획팀 → 사업지원팀 → 기획팀

30 1층부터 8층까지 있는 8층짜리 건물에 성수, 선유, 수연, 세희, 상진, 소미 6명이 살고 있다. 한 층에는 한 명만 살 수 있으며, 현재 3층과 4층에는 아무도 살지 않고 있다. 다음 〈조건〉이 모두 참일 때, 반드시 참인 것은?

〈조건〉
- 선유는 소미보다 높은 층에 산다.
- 소미는 수연보다 높은 층에 산다.
- 성수네 집 바로 위층에는 아무도 살지 않는다.
- 수연은 세희보다 높은 층에 산다.
- 수연과 성수 사이에는 한 집밖에 살지 않는다.
- 상진은 1층에 산다.

① 선유가 8층에 산다.　　　　　② 수연이 8층에 산다.
③ 선유가 6층에 산다.　　　　　④ 수연이 5층에 산다.
⑤ 세희가 2층에 산다.

01 회사의 영업비밀이 담긴 기밀문서가 도난당했다. 용의자로 지목받고 있는 A, B, C, D, E 5명은 다음과 같이 각각 두 가지 내용을 진술했는데, 이들이 각각 진술한 내용 중 한 가지는 참이고 나머지 한 가지는 거짓이다. 이때 기밀문서를 훔친 사람은 누구인가?(단, 기밀문서를 훔친 사람은 A, B, C, D, E 중 한 명이다.)

A : C는 기밀문서를 훔치지 않았다. E가 기밀문서를 훔쳤다.
B : 기밀문서를 훔친 사람은 내가 아니다. A가 기밀문서를 훔쳤다.
C : D가 기밀문서를 훔쳤다. D의 첫 번째 진술은 거짓이다.
D : B는 기밀문서를 훔치지 않았다. A의 두 번째 진술은 참이다.
E : 기밀문서를 훔친 사람은 내가 아니다. C가 기밀문서를 훔쳤다.

① A ② B
③ C ④ D
⑤ E

02 12명의 사람이 모자, 상의, 하의를 착용하는데, 모자, 상의, 하의는 빨간색 또는 파란색 중 하나이다. 12명이 모두 모자, 상의, 하의를 착용했을 때 다음과 같은 모습이었다면, 하의만 빨간색인 사람은 몇 명인가?

• 어떤 사람을 보아도 모자와 하의는 다른 색이다.
• 같은 색의 상의와 하의를 입은 사람의 수는 6명이다.
• 빨간색 모자를 쓴 사람의 수는 5명이다.
• 모자, 상의, 하의 중 1가지만 빨간색인 사람은 7명이다.

① 5 ② 4
③ 3 ④ 2
⑤ 1

03 다음 글로부터 추리한 것으로 옳은 것은?

어떤 회사의 사원 평가 결과 모든 사원이 최우수, 우수, 보통 중 한 등급으로 분류되었다. '최우수'에 속한 사원은 모두 45세 이상이었다. 그리고 35세 이상의 사원은 '우수'에 속하거나 자녀를 두고 있지 않았다. '우수'에 속한 사원은 아무도 이직 경력이 없다. '보통'에 속한 사원은 모두 대출을 받고 있으며, 무주택자인 사원 중에는 대출을 받고 있는 사람이 없다. 이 회사의 직원 A는 자녀를 두고 있으며 이직 경력이 있는 사원이다.

① A는 35세 미만이고 무주택자이다.
② A는 35세 이상이고 무주택자이다.
③ A는 35세 미만이고 주택을 소유하고 있다.
④ A는 45세 미만이고 무주택자이다.
⑤ A는 45세 이상이고 주택을 소유하고 있다.

04 J기업 총무팀 직원은 A, B, C, D, E 5명이다. 이들의 입사 순서가 다음과 같을 때, 〈보기〉에서 반드시 참인 것만을 고르면?(단, A, B, C, D, E 중 동시에 입사한 사람은 없다.)

A : 나는 우리 중에서 제일 먼저 입사한 사람은 아니지만, E보다는 먼저 입사했지.
B : 난 A보다 먼저 입사했어.
C : 난 B보다 나중에 입사했어.
D : 우리 중에서 나보다 먼저 입사한 사람은 1명밖에 없어.
E : 나는 D보다 나중에 입사했어.

보기
ㄱ. B는 5명 중 가장 먼저 입사하였다.
ㄴ. E는 A 바로 다음에 입사하였다.
ㄷ. A보다 나중에 입사한 사람은 2명이다.
ㄹ. 5명 중 마지막으로 입사한 사람은 E 또는 C이다.

① ㄱ
② ㄱ, ㄷ
③ ㄱ, ㄹ
④ ㄱ, ㄴ, ㄷ
⑤ ㄴ, ㄷ, ㄹ

05 다음 내용에 근거할 때, 오 과장의 연차에 속할 수 없는 요일은?

> 영업팀 오 과장은 이번 달에 3일간의 연차를 연달아 사용하려 한다. 그런데 이번 달은 1일이 수요일인 4월이며, 같은 주에 2명 이상 연차를 사용할 수 없다. 둘째 주엔 김 대리의 휴가, 넷째 주엔 4박 5일간 지방 출장이 계획되어 있다. 또한 15일은 업무보고가 예정되어 있으며, 27일은 2/4분기 실적 마감일이라 오 과장이 반드시 출근해야 한다. 또한 토요일과 일요일은 휴무일이다.

① 월요일
② 화요일
③ 수요일
④ 목요일
⑤ 금요일

06 다음 글과 〈상황〉을 근거로 판단할 때, A정당과 그 소속 후보자들이 최대로 실시할 수 있는 선거방송 시간의 총합은?

> • ○○국 의회는 지역구의원과 비례대표의원으로 구성된다.
> • 의회의원 선거에서 정당과 후보자는 선거방송을 실시할 수 있다. 선거방송은 방송광고와 방송연설로 이루어진다.
> • 선거운동을 위한 방송광고는 비례대표의원 후보자를 추천한 정당이 방송매체별로 각 15회 이내에서 실시할 수 있으며, 1회 1분을 초과할 수 없다.
> • 후보자는 방송연설을 할 수 있다. 비례대표의원 선거에서는 정당별로 비례대표의원 후보자 중에서 선임된 대표 2인이 각각 1회 10분 이내에서 방송매체별로 각 1회 실시할 수 있다. 지역구의원 선거에서는 각 후보자가 1회 10분 이내, 방송매체별로 각 2회 이내에서 실시할 수 있다.

> **〈상황〉**
> • ○○국 방송매체로는 텔레비전 방송사 1개, 라디오 방송사 1개가 있다.
> • ○○국 A정당은 의회의원 선거에서 지역구의원 후보 100명을 출마시키고 비례대표의원 후보 10명을 추천하였다.

① 2,070분
② 4,050분
③ 4,070분
④ 4,340분
⑤ 5,225분

07 다음은 천연가스 폭발이나 화재 시의 대처방법에 관한 글이다. 이를 바탕으로 사고 발생 시 적절한 대처방법이라고 볼 수 없는 것은?

천연가스 폭발 · 화재 시 대처방법

가. 적절한 (및 부적절한) 소화제
- 이물질과 관련된 소화 시 알코올 포말, 이산화탄소를 사용할 것
- 질식소화 시 건조한 모래 또는 흙을 사용할 것

나. 화학물질로부터 생기는 특정 유해성
- 공기와 폭발성 혼합물을 형성함
- 극인화성 가스
- 열, 스파크, 화염에 의해 쉽게 점화함
- 현기증 또는 질식을 유발할 수 있음
- 점화원까지 이동하여 역화(flash back)할 수 있음

다. 화재 진압 시 착용할 보호구 및 예방조치
- 누출성 가스 화재 시 누출을 안전하게 막을 수 없다면 불을 끄려고 하지 말 것
- 누출이 중지되지 않는다면 누출 가스 화재를 소화하지 말 것
- 안전하게 처리하는 것이 가능하면 모든 점화원을 제거할 것
- 위험하지 않다면 화재지역에서 용기를 옮길 것
- 지역을 벗어나 안전거리를 유지하여 소화할 것
- 탱크 화재 시 결빙될 수 있으므로 노출원 또는 안전장치에 직접 주수하지 말 것
- 탱크 화재 시 대규모 화재의 경우 무인 소화장비를 이용하고 불가능하다면 물러나 타게 놔둘 것
- 탱크 화재 시 소화가 진화된 후에도 다량의 물로 용기를 식힐 것
- 탱크 화재 시 압력 방출장치에서 고음 발생, 탱크 변색의 경우 즉시 물러날 것
- 탱크 화재 시 최대거리에서 소화하거나 무인 소화장비를 이용할 것
- 탱크 화재 시 화염에 휩싸인 탱크에서 물러날 것
- 파손된 실린더가 날아오를 수 있으니 주의할 것

---

① 확실한 소화방법을 모른다면 차라리 사고 지점에서 멀리 물러나는 것이 낫겠군.

② 무엇보다 가스 누출 지점을 찾아 정확한 노출원에만 신속히 물을 부어야겠다.

③ 천연가스 화재 가능성이 있는 곳이라면 무인 소화장비를 미리 갖춰두면 좋겠군.

④ 탱크 화재 진압 시 탱크의 상태를 면밀히 살피며 진행해야겠어.

⑤ 탱크에서 화재가 나면 소화 후에도 탱크의 열을 식혀줘야 되겠다.

08 다음 자료를 볼 때, 생후 6개월 시기에 기초 접종을 완료해야 하는 예방접종만을 고르면?

예방접종 접종시기 안내

- B형 간염(HepB)

출생 직후	생후 1개월	생후 6개월
1차(기초)	2차(기초)	3차(기초)

- 디프테리아/파상풍/백일해(DTap)

생후 2개월	생후 4개월	생후 6개월	생후 15~18개월	만 4~6세
1차(기초)	2차(기초)	3차(추가)	4차(추가)	5차(추가)

- 폴리오(IPV)

생후 2개월	생후 4개월	생후 6개월	만 4~6세
1차(기초)	2차(기초)	3차(기초)	4차(추가)

- b형 헤모필루스 인플루엔자(Hib)

생후 2개월	생후 4개월	생후 6개월 생후	12~15개월
1차(기초)	2차(기초)	3차(기초)	4차(추가)

- 폐렴구균(PCV)

생후 2개월	생후 4개월	생후 6개월	생후 12~15개월
1차(기초)	2차(기초)	3차(기초)	4차(추가)

- 홍역/유행성이하선염/풍진(MMR)

생후 12~15개월	만 4~6세
1차	2차

- 수두(VAR) : 생후 12~15개월에 1회
- 일본뇌염(IJEV)

생후 12~23개월	생후 24~35개월	만 6세	만 12세
1~2차(기초)	3차(기초)	4차(추가)	5차(기초)

① DTap, HepB, MMR
② HepB, Hib, IPV, PCV
③ DTap, Hib, IJEV, PCV
④ IJEV, IPV, MMR, VAR
⑤ Hib, IJEV, MMR

09 다음 〈쓰레기 분리배출 규정〉을 준수한 것은?

〈쓰레기 분리배출 규정〉

- 배출 시간 : 수거 전날 저녁 7시~수거 당일 새벽 3시까지(월~토요일에만 수거함)
- 배출 장소 : 내 집 앞, 내 점포 앞
- 쓰레기별 분리배출 방법
  - 일반 쓰레기 : 쓰레기 종량제 봉투에 담아 배출
  - 음식물 쓰레기 : 단독주택의 경우 수분 제거 후 음식물 쓰레기 종량제 봉투에 담아서, 공동주택의 경우 음식물 전용용기에 담아서 배출
  - 재활용 쓰레기 : 종류별로 분리하여 투명 비닐봉투에 담아 묶어서 배출
    ① 1종(병류)
    ② 2종(캔, 플라스틱, 페트병 등)
    ③ 3종(폐비닐류, 과자 봉지, 1회용 봉투 등)
      ※ 1종과 2종의 경우 뚜껑을 제거하고 내용물을 비운 후 배출
      ※ 종이류 / 박스 / 스티로폼은 각각 별도로 묶어서 배출
  - 폐가전 · 폐가구 : 폐기물 스티커를 부착하여 배출
- 종량제 봉투 및 폐기물 스티커 구입 : 봉투판매소

---

① 갑은 토요일 저녁 8시에 일반 쓰레기를 쓰레기 종량제 봉투에 담아 자신의 집 앞에 배출하였다.

② 공동주택에 사는 을은 먹다 남은 찌개를 그대로 음식물 쓰레기 종량제 봉투에 담아 주택 앞에 배출하였다.

③ 병은 투명 비닐봉투에 캔과 스티로폼을 함께 담아 자신의 집 앞에 배출하였다.

④ 정은 사이다가 남아 있는 페트병을 투명 비닐봉투에 담아서 집 앞에 배출하였다.

⑤ 무는 집에서 쓰던 냉장고를 버리기 위해 폐기물 스티커를 구입 후 부착하여 월요일 저녁 9시에 자신의 집 앞에 배출하였다.

10 A공단이 입주해 있는 건물의 3층에는 3011~3017호까지 각각 생산팀, 기획팀, 인사팀, 회계팀, 비서실, 법무팀, 홍보팀이 일렬로 위치해 있다. 다음 〈조건〉을 만족할 때, 3014호에 위치한 팀은?

〈조건〉

- 법무팀은 3013호에 위치한다.
- 생산팀은 법무팀과 붙어 있지 않다.
- 회계팀은 맨 끝에 위치하고 있으며 홍보팀과의 사이에는 한 개의 사무실이 있다.
- 기획팀의 바로 옆 사무실은 인사팀이 위치한다.

---

① 인사팀   ② 비서실

③ 홍보팀   ④ 생산팀

⑤ 회계팀

11 다음 명제가 모두 참일 때 반드시 참인 것은?

> - 파란색을 선호하지 않으면 노란색을 선호한다.
> - 보라색을 선호하면 빨간색도 선호한다.
> - 노란색을 선호하면 주황색도 선호한다.
> - 주황색을 선호하면 빨간색은 선호하지 않는다.

① 파란색을 선호하면 보라색도 선호한다.
② 빨간색을 선호하면 파란색도 선호한다.
③ 보라색을 선호하면 노란색도 선호한다.
④ 주황색을 선호하지 않으면 보라색을 선호한다.
⑤ 빨간색을 선호하지 않으면 파란색도 선호하지 않는다.

12 1년에 40,000km를 주행한다고 할 때, 다음 다섯 차종 중 하나를 구매하여 2년간 사용할 경우 가장 적은 경비가 소요되는 것은 어느 것인가?(단, 자동차 이용에 따른 총 경비는 구매 가격과 연료비의 합으로 산정하고, 5년간 연료비 변동은 없다고 가정한다. 또한 금액은 천 원 단위에서 반올림한다.)

■ 차종별 특징

제조사	차량 가격(만 원)	연료 용량(L)	연비(km/L)	연료 종류
A사	2,000	55	13	LPG
B사	2,100	60	10	휘발유
C사	1,950	55	14	LPG
D사	2,050	60	12	경유
E사	2,100	55	12	휘발유

■ 연료별 리터당 가격

연료	가격
LPG	800원
휘발유	1,500원
경유	1,200원

① A사 차량
② B사 차량
③ C사 차량
④ D사 차량
⑤ E사 차량

[13~14] 다음은 근로복지공단에서 운영하는 기업복지 향상에 관한 정부지원제도 안내이다. 다음을 읽고 이어지는 물음에 답하시오.

기업복지 향상을 위한 정부지원을 시작합니다.

[1] 공동근로복지기금 지원제도를 시작합니다.

상호 긴밀한 협력관계에 있는 기업 또는 중소기업끼리 상호협력을 통해 기업복지를 높일 수 있도록 지원하겠습니다.

[2] 이런 경우 지원받으실 수 있습니다.

① 대 · 중소기업(원 · 하청)이 공동근로복지기금법인을 설립하여 공동으로 기금을 출연할 경우 출연금의 50% 범위 내에서 기금법인당 최대 2억 원까지 지원합니다.

  ※ 중소기업은 「중소기업기본법」에 의해 판단함. 단, 공동기금법인 참여기업 간 계열사에 해당되거나, 하나에서 분사된 사업장이거나 하나의 대기업이 동일 협력업체와 수개의 기금법인을 설립할 경우는 지원 제한됨

② 중소기업끼리 공동근로복지기금법인을 설립하여 공동으로 기금을 출연할 경우에도 출연금의 50% 범위 내에서 기금법인당 최대 2억 원까지 지원합니다.

[3] 매년 출연금의 80%까지 사용할 수 있습니다.

대 · 중소기업(원 · 하청) 또는 중소기업끼리 공동근로복지기금법인을 설립하여 공동으로 기금을 출연할 경우, 대기업이 중소기업의 복지향상을 위해 중소기업의 사내근로복지기금에 출연할 경우 정부지원금을 포함한 당해 연도 출연금액의 80%를 근로복지사업에 사용할 수 있습니다.

※ 근로복지사업 : 근로자의 날 행사지원, 체육 · 문화 활동 지원, 창립기념일 · 명절 선물비용, 장학금 및 재난구호금, 생활원조를 위한 지원, 모성보호 및 일 · 가정양립 비용, 주택구입 자금, 우리사주구입비 지원 등

[4] 이런 혜택이 있습니다.

공동근로복지기금 지원제도는 비용지원 이외에도 법인세 및 근로소득에 관한 세제 혜택, 정기근로감독 면제, 정부포상 우선 추천, 도입컨설팅 제공 등 혜택이 주어집니다.

① 세제 혜택 : 출연금은 지정기부금에 해당되어 당기순이익의 100분의 10까지 법인세 손비로 인정되고, 기업소득환류세제상 과세대상 소득에서 차감됩니다.

② 근로소득세 비과세 : 사내기금을 통한 복지혜택은 근로소득에 해당되지 않아 개인별 추가세금이 발생되지 않습니다.

③ 고용부 사업 우대 : 대 · 중소기업이 공동기금법인을 도입한 경우에 고용노동부에서 실시하는 정기근로감독을 면제합니다. 고용노동부 주관 각종 포상대상 선정 시에 사내(공동)기금지원제도 도입사업장을 우선 추천합니다.

④ 도입지원 제공 : 기금출연 및 설립을 위한 정관 제(개)정 등 각종 절차에 대한 컨설팅을 무료로 지원합니다.

13 안내문의 내용을 바탕으로 다음 〈사례〉에 해당하는 금액을 순서대로 나열한 것은?

〈사례〉

㉠ 갑 산업단지에 있는 대기업 A사가 3억 원, 우수 협력업체 3개사(사내하청 2개소, 사외하청 1개소)가 1억 5천만 원(업체별 각 5천만 원)을 출연하여 공동근로복지기금법인을 설립할 경우의 정부 지원금을 포함한 총 공동기금

㉡ 을 산업단지에 있는(또는 지역을 달리하는 동종업종인) 중소기업 C사, D사, E사가 각 1억 원씩을 출연하여 출연금 3억 원으로 공동근로복지기금법인을 설립할 경우의 정부지원금을 포함한 총 공동기금

㉢ 앞선 ㉠과 ㉡의 경우에서 근로복지사업비로 지출할 수 있는 금액의 합

	㉠	㉡	㉢
①	4.5억 원	3억 원	6.5억 원
②	4.5억 원	4.5억 원	6.5억 원
③	4.5억 원	6.5억 원	8.8억 원
④	6.5억 원	4.5억 원	8.2억 원
⑤	6.5억 원	4.5억 원	8.8억 원

14 다음 중 위 지원제도에 대한 설명으로 가장 적절하지 않은 것은?

① A대기업이 B중소기업, C중소기업과 각각 별도의 기금을 세울 경우, 지원 대상에 해당된다.

② 기금 출연금은 기업의 이익에 대한 세금 감면 역할을 한다.

③ 사내근로복지기금사업 등의 목적사업에 출연할 경우 정부 지원금 일부를 직원들의 명절 선물비 일부로 사용할 수 있다.

④ 대 · 중소기업(원 · 하청)이 공동근로복지기금법인을 설립하여 공동으로 기금을 출연할 경우 참여 기업별 출연금의 50%씩 지원금을 받는다.

⑤ 대기업의 참여 없이 중소기업 간에도 일정 조건이 갖춰지면 지원제도를 활용할 수 있다.

[15~16] 다음은 대학생 보금자리주택 입주자 모집공고문이다. 이어지는 물음에 답하시오.

<대학생 보금자리주택 입주자 모집공고>

- 신청자격
  - 입주자모집공고일 현재 아래의 「공급순위별 자격요건」에 해당하는 무주택세대주의 자녀로서, 당해 시 · 도 지역 내 대학교에 재학 중 또는 복학 예정인 타지역 출신 학생

    > ※ 「주택공급에 관한 규칙」 제2조 제9호에 따른 무주택세대주
    > 세대주를 포함한 세대원(세대주와 동일한 세대별 주민등록표상에 등재되어 있지 아니한 세대주의 배우자 및 배우자와 동일한 세대를 이루고 있는 세대원 포함) 전원이 주택을 소유하고 있지 아니한 세대의 세대주

  - 입주자모집공고일 현재 아동복지시설 퇴소자 중 무주택자로서 당해 시 · 도 지역 내 대학교에 재학 중 또는 복학 예정인 학생

- 무주택기간

  입주자모집공고일 현재 무주택세대구성원 전원이 주택을 소유하지 아니한 기간(주택공급신청자의 무주택기간은 만 30세가 되는 날부터 계산하되, 만 30세 이전에 혼인한 경우(이혼 무관) 혼인 신고일부터 계산)으로 하며, 무주택세대구성원(혼인으로 구성할 세대원)이 주택을 소유한 사실이 있는 경우에는 그 주택을 처분한 후 무주택이 된 날부터 기간을 산정

- 공급순위별 자격 요건

순위	유형	세부 자격요건
1순위	기초생활수급자, 보호대상 한부모 가족, 아동복지시설 퇴소자	
2순위	가구당 월평균소득 50% 이하	당해 세대의 월평균소득이 전년도 도시근로자 가구당 월평균소득의 50% 이하인 자. 단, 개별공시지가의 합산금액이 5천만 원을 초과하는 토지 또는 과세표준액이 2천 2백만 원을 초과하는 비영업용자동차(장애인용 자동차 제외)를 소유한 경우에는 제외
	가구당 월평균소득 이하 장애인	「장애인 복지법」의 규정에 따라 장애인등록증이 교부된 자(지적장애인 · 정신장애인 및 제3급 이상의 뇌병변장애인의 경우에는 그 배우자 포함) 중 당해 세대의 월평균소득이 전년도 도시근로자 가구당 월평균소득 이하인 자

※ 도시근로자 월평균소득은 1,944,320원임

15 위의 모집공고문을 참고할 때, 다음에 해당하는 무주택기간을 순서대로 바르게 짝지은 것은?

> ㉠ 미혼인 신청자가 현재 만 34세이고, 무주택세대구성원 전원이 한 번도 주택을 소유한 적이 없는 경우
> ㉡ 기혼(만 26세 혼인)인 신청자가 현재 만 34세이고, 무주택세대구성원이 주택을 처분한 지 2년이 되는 경우
> ㉢ 신청자가 현재 만 32세 미혼(만 26세에 혼인 후 이혼)이며 주택을 소유한 적이 없는 경우

	㉠	㉡	㉢
①	2년	2년	없음
②	4년	2년	4년
③	4년	2년	6년
④	4년	4년	4년
⑤	4년	4년	없음

16 다음 중 위 공고문에 대한 설명으로 적절하지 않은 것은?

① 신청자 세대의 토지 보유현황, 자동차 보유현황 등의 기준이 충족되어도 월평균소득이 153만 원인 경우엔 2순위 자격에 해당되지 않는다.

② 지적장애인의 배우자로서 월평균소득이 180만 원인 경우엔 2순위 자격에 해당된다.

③ 무주택세대주가 되기 위해서는 세대원 전원이 주택을 보유하고 있지 않아야 한다.

④ 무주택기간 산정 시에는 현재의 나이보다 혼인 시기를 더 우선하여 인정해 준다.

⑤ 대학생 보금자리주택 입주자 모집은 해당 지역 내 거주하는 무주택세대주의 자녀와 아동복지시설 퇴소자들을 위한 사업이다.

17 다음 문답을 참고할 때 〈사례〉에 대한 답안을 순서대로 나열한 것은?

> Q. 해외부동산 취득명의인이 해당 해외부동산을 취득함에 따른 자금출처 소명은 얼마 이상을 하여야 하는지요?
>
> A. 세법에서는 직업·연령·소득·재산상태 등으로 보아 자력으로 재산을 취득하였거나 채무를 상환하였다고 인정하기 어려운 경우 다른 사람으로부터 그 재산 취득자 또는 채무자가 자금을 증여받은 것으로 추정합니다. 따라서 취득자금의 출처를 입증하지 못한 금액에 대하여는 증여세가 과세됩니다.
> 단, 다음의 경우 증여추정에서 제외합니다.
>
> 미입증금액 < (취득재산가액×20%와 2억 원 중 적은 금액)
>
> ※ 소명금액 범위
> - 취득자금이 10억 원 미만인 경우 : 자금의 출처가 80% 이상 확인되면 취득자금 전체가 소명된 것으로 봄
> - 취득자금이 10억 원 이상인 경우 : 자금의 출처를 입증하지 못한 금액이 2억 원 미만인 경우 취득자금 전체가 소명된 것으로 봄

> **〈사례〉**
> ⊙ 자력 재산 취득으로 인정되기 어려운 A씨가 취득가액 11억 원의 해외부동산을 취득하여 1.8억 원의 미입증금액이 발생한 경우 증여추정 여부
> ⊙ 자력 재산 취득으로 인정되기 어려운 B씨가 취득가액 8억 원인 해외부동산을 취득하여 6억 원의 취득자금이 소명된 경우 추가 소명 필요 여부
> ⊙ 자력 재산 취득으로 인정되기 어려운 C씨가 취득가액 12억 원인 해외부동산을 취득하여 2.4억 원의 자금 출처 미입증금액이 발생한 경우의 추가 소명 필요 여부

	⊙	⊙	⊙
①	추정	필요	필요
②	제외	불필요	불필요
③	추정	필요	불필요
④	추정	불필요	불필요
⑤	제외	필요	필요

18 다음 〈휴양림 요금규정〉과 〈조건〉에 근거할 때, 〈상황〉에서 갑, 을, 병 일행이 각각 지불한 총 요금 중 가장 큰 금액과 가장 작은 금액의 차이는?

〈휴양림 요금규정〉

- 휴양림 입장료(1인당 1일 기준)

구분	요금(원)	입장료 면제
어른	1,000원	• 동절기(12~3월) • 다자녀 가정
청소년(만 13세~만 19세 미만)	600	
어린이(만 13세 미만)	300	

※ '다자녀 가정'은 만 19세 미만의 자녀가 3인 이상 있는 가족을 말함

- 야영시설 및 숙박시설(시설당 1일 기준)

구분		요금(원)		비고
		성수기(7~8월)	비수기(7~8월 외)	
야영시설 (10인 이내)	황토데크(개)	10,000		휴양림 입장료 별도
	캐빈(동)	30,000		
숙박시설	3인용(실)	45,000	24,000	휴양림 입장료 면제
	5인용(실)	85,000	46,000	

※ 일행 중 '장애인'이 있거나 '다자녀 가정'인 경우 비수기에 한해 야영시설 및 숙박시설 요금의 50%를 할인함

〈조건〉

- 총요금＝(휴양림 입장료)+(야영시설 또는 숙박시설 요금)
- 휴양림 입장료는 머문 일수만큼, 야영시설 및 숙박시설 요금은 숙박 일수만큼 계산함
- **예** 2박 3일의 경우 머문 일수는 3일, 숙박 일수는 2일

〈상황〉

- 갑(만 45세)은 아내(만 45세), 자녀 3명(각각 만 17세, 15세, 10세)과 함께 휴양림에 7월 중 3박 4일간 머물렀다. 갑 일행은 5인용 숙박시설 1실을 이용하였다.
- 을(만 25세)은 어머니(만 55세, 장애인), 아버지(만 58세)를 모시고 휴양림에서 12월 중 6박 7일간 머물 렀다. 을 일행은 캐빈 1동을 이용하였다.
- 병(만 21세)은 동갑인 친구 3명과 함께 휴양림에서 10월 중 9박 10일 동안 머물렀다. 병 일행은 황토데 크 1개를 이용하였다.

① 40,000원　　　　　　　　　② 114,000원
③ 125,000원　　　　　　　　　④ 144,000원
⑤ 165,000원

19 다음은 소비자 보호를 목적으로 한, 부당한 표시와 광고를 금지하는 내용을 담고 있는 규정이다. 규정에 위배된다고 볼 수 있는 표시 또는 광고 행위로 가장 거리가 먼 것은?

가. '표시'의 개념
    사업자 또는 사업자단체가 상품 또는 용역에 관한 사항을 소비자에게 알리기 위하여 그 상품의 용기·포장(첨부물 및 내용물을 포함) 또는 사업장 등의 게시물 또는 상품권·회원권·분양권 등 상품 등에 관한 권리를 나타내는 증서에 쓰거나 붙인 문자나 도형 및 상품의 특성을 나타내는 용기·포장을 말함

나. '광고'의 개념
    사업자 등이 신문·인터넷신문·정기간행물·방송·전기통신, 전단·팜플렛·견본·입장권, 인터넷·PC통신, 포스터·간판·네온사인·애드벌룬·전광판, 비디오물·음반·서적·간행물·영화·연극, 자기 상품 외의 다른 상품, 기타 이들과 유사한 매체 또는 수단을 이용하여 소비자에게 널리 알리거나 제시하는 것을 말함

다. '부당한 표시·광고'의 개념
    사업자 등이 자기 또는 자기의 상품(다른 사업자 또는 상품포함) 등에 관하여 소비자를 속이거나 소비자로 하여금 잘못 알게 할 우려가 있는 내용의 표시·광고를 말함

라. '부당한 표시·광고'의 유형
    부당한 표시·광고에는 ㉠ 거짓 과장의 표시·광고, ㉡ 기만적인 표시·광고, ㉢ 부당하게 비교하는 표시·광고, ㉣ 비방적인 표시·광고 등 4가지 유형이 있음

마. 거짓·과장의 표시·광고
    사실과 다르게 표시·광고하거나 사실을 지나치게 부풀려서 표시·광고하는 것

① 객관적으로 인정될 수 없는 자체실험 결과를 토대로 자기의 자동차 매연 감소 제품에 대하여 '획기적인 연료 절감 10~30%', '매연 50~90% 감소'라고 광고하는 행위

② 아파트분양 광고를 하면서 주변에 조망권을 침해하는 건물이 들어선다는 사실을 알면서도 이를 밝히지 않고 강을 바라볼 수 있는 조망권이 100% 보장된다고 광고하는 행위

③ 경쟁사업자의 최신 동급 잉크프린트가 존재함에도 불구하고 이보다 가격 및 성능이 떨어지는 구형 잉크젯 프린트와 비교하면서 자기의 잉크젯 프린트 출력속도가 뛰어난 것처럼 표시·광고하는 행위

④ 노트 표지에 해당 노트를 이용해 학습하여 명문대에 입학하자는 문구와 명문대들의 심볼을 함께 디자인하여 판매하는 행위

⑤ 학습교재 광고를 하면서 자신의 인터넷에 의한 학습방법에 비해 경쟁사의 방문 학습방법이 시대에 뒤떨어진 학습방법인 것처럼 표현하는 행위

20 다음은 어느 대학의 재학생 및 교원 현황에 관한 자료이다. 〈환산교수 수 산정 규정〉을 적용하여 이 대학의 2025학년도 2학기 환산교수 1인당 학생 수를 구하면?(단, 소수점 첫째 자리까지 표시한다.)

〈2025학년도 2학기 재학생 현황〉

(단위 : 명)

구분	재학생 수
학부	310
대학원	60

※ 환산교수 1인당 학생 수 $= \dfrac{\text{가중치 적용 재학생 수}}{\text{환산교수 수}}$

※ 가중치 적용 재학생 수 = 학부 재학생 수 + (대학원 재학생 수 × 1.5)

〈교원 현황〉

(단위 : 학점)

| 교원 | 2025학년도 강의학점 | | 구분 | 학력 | 전문자격증 |
	1학기	2학기			
A	3	3	전임교수	박사	–
B	6	3	시간강사	박사수료	–
C	0	3	전임교수	박사	회계사
D	3	6	시간강사	석사	–
E	3	3	초빙교수	박사	–
F	6	3	전임교수	박사	–
G	3	0	전임교수	박사	–
H	3	3	시간강사	박사수료	변호사
I	3	0	명예교수	박사	–
J	6	3	초빙교수	석사	–
K	6	3	시간강사	박사수료	회계사
L	3	3	시간강사	석사	변리사

〈환산교수 수 산정 규정〉

- 전임교수인 경우 : 학력, 전문자격증 보유 및 강의학점에 관계없이 1로 계산
- 전임교수가 아닌 경우
  1) 직전학기와 해당학기의 두 학기 강의학점 합계가 9학점 이상이고, 박사수료 또는 박사학위를 갖고 있는 자는 1로 계산
  2) 1)을 만족하지 못하면서 다음의 a) 또는 b)에 해당하는 자는 다음과 같이 계산
     a) 겸임교수, 명예교수, 석좌교수, 초빙교수
     b) 직전학기와 해당학기 각각 3학점 이상 강의하는 전문자격증(회계사, 변호사, 변리사) 소지자

해당학기 강의학점 수	환산교수 수
0~5	$\dfrac{\text{해당학기 강의 학점수}}{6}$
6 이상	1

- 위에 해당하지 않는 경우는 0으로 계산

① 40.0

② 45.0

③ 50.0

④ 53.3

⑤ 57.1

21 L시에서는 자동차 운행에 따른 연료 소비를 줄이기 위해 시의회가 소집되었다. 다음과 같은 의회의 회의록 내용에 대한 평가로 가장 적절한 것은?

〈회의록〉

– 안건 : 연료 소비 감축 방안
– L시의회

A의원 : 자동차를 새로 구입하는 사람이 내는 등록세를 인상해야 한다.
B의원 : 차라리 자동차를 보유한 모든 사람이 매년 내는 자동차세를 인상해야 한다.
C의원 : 매월 주행 거리를 검사해서 거리에 비례하는 자동차 주행세를 징수해야 한다.
D의원 : 아예 자동차 연료에 대한 세금을 인상해야 한다.
E의원 : 세금을 손대지 말고 차량 번호 끝자리에 따라 홀짝제 운행을 시행해야 한다.

---

① A의원의 제안은 기존의 운전자들에게 아무 영향을 주지 않기 때문에 규제 시행 전과 비교하여 연료 소비가 줄지 않을 것이다.
② B의원의 제안은 모든 운전자들에게 동일한 영향을 주기 때문에 제도 시행 후에도 연료 소비가 줄지 않을 것이다.
③ D의원의 제안은 개인이 소비하는 연료의 양에 따라 추가 비용을 부과하는 방식이다.
④ C의원의 제안은 E의원의 제안보다 자동차 운행이 절실히 필요한 사람에게 불리하다.
⑤ D의원의 제안은 E의원의 제안보다 자동차 운행이 절실히 필요한 사람에게 불리하다.

22 A는 카드 뽑기 게임에 참가하였다. 카드에는 바나나, 사과, 귤, 딸기, 참외가 그려져 있으며, 이 중 특정 과일이 그려진 카드를 뽑으면 2점을, 나머지 경우는 1점을 획득한다. 게임 결과 A는 12번 뽑아 14점을 획득하였다. 다음 〈정보〉가 참일 때 2점짜리 카드에 해당하는 과일을 고르면?

〈정보〉
- 바나나와 귤 카드는 똑같은 횟수로 뽑았다.
- 사과, 바나나, 딸기 카드를 뽑은 횟수는 총 9번이다.
- 뽑은 카드 중에서는 사과 카드를 가장 적게 뽑았고, 이때 뽑은 횟수는 짝수였다.
- 다섯 카드 중 한 번도 뽑지 않은 과일 카드가 있다.

① 바나나
② 사과
③ 귤
④ 딸기
⑤ 참외

23 8층짜리 건물에 총무부, 회계부, 인사부, 기획부, 연구부, 영업부, 홍보부, 생산부의 8개 부서를 배치하려 한다. 각 층에는 하나의 부서만 배치되며, 다음 조건이 모두 참일 때 항상 참인 것은?

〈조건〉
- 총무부는 3층에 위치한다.
- 회계부와 기획부는 서로 인접한 층에 위치한다.
- 홍보부는 회계부보다는 위층, 인사부보다는 아래층에 위치한다.
- 연구부는 4층이다.

① 생산부는 연구부보다 아래층에 위치한다.
② 영업부는 5층에서 8층 사이에 위치한다.
③ 기획부가 1층이라면 홍보부는 6층 이상이다.
④ 회계부가 5층이라면 홍보부는 7층이다.
⑤ 인사부는 3층과 4층을 제외한 모든 층에 위치할 수 있다.

[24~25] 다음은 H공단에서 실시하는 '사업주 직업능력개발훈련'에 관한 안내 자료이다. 다음 자료를 보고 이어지는 물음에 답하시오.

사업주 직업능력개발훈련

사업주 직업능력개발훈련은 사업주(=사업장 대표)가 소속근로자 등의 직무수행능력을 향상시키기 위하여 훈련을 실시할 때, 이에 소요되는 비용의 일부를 지원해 주는 제도로 사업주 훈련이라고도 합니다.

■ 훈련비 지원
  – 훈련별 지원 내역

구분	훈련비	숙식비	훈련수당	임금의 일부
집체훈련	○	○	○	○
현장훈련	○	○	○	×
원격훈련	○	×	×	×

  – 기업별 지원 비율

기업 구분	훈련 구분	지원 비율
우선지원대상기업	향상 · 양성훈련	100%
	원격훈련	120%
일반 대규모기업	향상 · 양성훈련	60%
	비정규직 대상훈련/전직훈련	70%
	원격훈련	80%
상시근로자 1,000인 이상 대규모기업	향상 · 양성훈련	50%
	비정규직 대상훈련/전직훈련	70%

훈련과정 심사등급	인터넷 원격(원/일)	스마트 원격(원/일)	우편(원/일)
A	5,600	11,000	3,600
B	3,800	7,400	2,800
C	2,700	5,400	1,980

※ 집체 · 현장훈련 지원금=표준훈련비×훈련시간×훈련인원×지원 비율
※ 원격훈련 지원금=심사등급별 지원금액×훈련시간×훈련수료인원×지원비율
※ 혼합훈련은 각각의 훈련방법에 따라 지원되는 금액으로 지원됩니다.

24 다음 중 훈련비 지원 내역을 바르게 이해하지 못한 것은?

① 훈련비는 모든 종류의 훈련에 지원된다.
② 훈련시간과 훈련인원이 많을수록 기업에 지원되는 지원금 규모는 더 커진다.
③ 기업별 지원 비율은 기업 규모가 클수록 높다.
④ 집체훈련과 현장훈련의 훈련비는 심사등급에 관계없이 일정한 금액이 지원된다.
⑤ 우선지원대상기업에서 실시한 양성훈련과 인터넷 원격훈련의 지원비율은 동일하지 않다.

25 다음 네 개의 기업이 실시한 훈련의 내역을 참고할 때, 1인당 지원 금액의 규모가 많은 기업부터 순서대로 나열한 것은?

구분	갑	을	병	정
기업구분	우선지원대상	일반 대규모	우선지원대상	일반 대규모
훈련시간(시간)	3	4	9	11
훈련 종류	향상훈련	전직훈련	스마트원격	인터넷원격
표준훈련비(원)	20,000	20,000	–	–
심사등급	–	–	C	A

① 갑 – 을 – 병 – 정

② 갑 – 병 – 을 – 정

③ 갑 – 병 – 정 – 을

④ 병 – 갑 – 을 – 정

⑤ 정 – 병 – 을 – 갑

곤충생태관 여름방학 생태체험교실

- 기간 : 2025.7.30(일)~2025.9.3(일)
- 장소 : 생태공원, 텃밭정원, 곤충생태관
- 프로그램

프로그램	대상	일정	교육비(인당)	내용
꼬마 꿀벌탐험대	8~13세	8.4~9.2 매주 토요일 1시~1시 50분 2시~2시 50분	1,000원	꿀벌정원에 서식하는 꿀벌 관찰 및 체험
아는 만큼 보이는 식물의 전략	8~11세	8.17~8.19 10시~11시 40분	3,000원	텃밭정원에 서식하는 생물 관찰 및 텃밭 체험
아는 만큼 보이는 곤충의 법칙	8~13세	8.17~8.19 3시~4시 40분	10,000원	• 생태공원에 살고 있는 곤충 관찰 · 채집 · 분류 · 토론 • 곤충 표본 만들기
장수풍뎅이 기르기	8~13세	8.12~8.15 2시~2시 50분	10,000원	• 딱정벌레 한살이와 생태 특징 알아보기 • 장수풍뎅이 사육법 학습
검정물방개 기르기	8~13세	8.12~8.15 3시~3시 50분	10,000원	• 수서곤충 한살이와 생태 특징 알아보기 • 검정물방개 사육법 학습
여왕개미 기르기	8~13세	8.15/8.17/8.19 1시~1시 50분	10,000원	• 개미의 한살이와 생태특징 알아보기 • 일본왕개미 사육법 학습

※ 프로그램 참여는 프로그램 시작 전 도착해야 가능함
※ 프로그램에 단체로 참여하는 경우(10명 이상) 교육비의 10% 할인이 적용됨

26 다음 〈보기〉 중 생태체험교실에 참여할 수 없는 경우를 모두 고르면?

보기

㉠ 9살인 A는 8월 18일 꼬마 꿀벌탐험대 프로그램에 참여하려 낮 12시 30분에 도착하였다.
㉡ 12살인 B는 8월 17일 오전 9시에 도착하여 아는 만큼 보이는 식물의 전략 프로그램에 참여하였다.
㉢ 13살인 C는 8월 19일 낮 12시 50분에 도착하여 여왕개미 기르기 프로그램에 참여하였다.
㉣ 10살인 D는 아는 만큼 보이는 곤충의 법칙 프로그램에 참여하려 8월 17일 오후 3시에 도착하였다.
㉤ 11살인 E는 검정물방개 기르기 프로그램에 참여하려 8월 13일 오후 1시에 도착하였다.

① ㉠, ㉢
② ㉡, ㉣
③ ㉡, ㉤
④ ㉢, ㉣
⑤ ㉣, ㉤

27 한 초등학교에서 생태체험 프로그램에 단체로 참여하려 한다. 아는 만큼 보이는 식물의 전략에 15명, 아는 만큼 보이는 곤충의 법칙에 10명, 여왕개미 기르기에 12명이 참여할 때, 지불해야 할 교육비는 총 얼마인가?(단, 프로그램의 참여 조건에 부합한다고 가정한다.)

① 225,000원
② 238,500원
③ 244,500원
④ 258,000원
⑤ 265,000원

28 다음 명제가 참일 때 도출할 수 있는 결론으로 옳은 것은?

> • 모든 수험생은 공부를 열심히 한다.
> • 어떤 수험생은 공무원 시험을 준비한다.

① 모든 수험생은 공무원 시험을 준비한다.
② 어떤 수험생은 공부를 열심히 할 때도 있고 그렇지 않을 때도 있다.
③ 어떤 수험생은 공부를 열심히 하면서 공무원 시험을 준비한다.
④ 모든 수험생은 공부를 열심히 하면서 공무원 시험을 준비한다.
⑤ 공무원 시험을 준비하는 모든 수험생은 공부를 열심히 한다.

[29~30] 다음은 각 사업장의 근로자를 대상으로 한 직업능력개발훈련과정 지원금 지급기준이다. 이를 보고 이어지는 물음에 답하시오.

훈련과정		지원 금액 지급기준
1. 집체훈련(외국어과정 제외)	가. 수료한 경우 (단 , 1개월 이상인 과정의 경우 단위기간 출석률이 수료기준을 충족한 경우)	지원금은 수강료의 100분의 80. 다만, 다음 각 세목의 경우는 달리 정함 1) 우선지원대상기업에 고용된 사람은 지원금 기준 금액의 100분의 100. 대규모기업의 단시간근로자는 100분의 80 2)「사업주 직업능력개발훈련 지원규정」의 학교교육, 평생교육, 직업교육, 사회복지, 문화예술, 부동산, 청소·세탁, 이·미용, 결혼·장례, 스포츠, 식음료조리·서비스, 제과제빵 직종의 경우에는 수강료의 100분의 60
	나. 미수료 또는 수강포기한 경우	가목에 따라 산정한 금액 중 출석률에 해당하는 금액
2. 집체훈련 외국어과정	가. 수료한 경우	다음 각 세목에 따라 산정한 금액. 다만, 해당 훈련과정을 수강하기 위하여 훈련기관에 지급한 수강료의 100분의 60을 초과할 수 없음 1) 훈련시간이 20시간 미만일 경우 - 시간당 2,250원을 적용하여 산정한 금액 - 우선지원대상기업에 고용된 사람은 시간당 2,700원을 적용하여 산정한 금액 2) 훈련시간이 20시간 이상일 경우 - 최초 20시간은 45,000원으로 하고, 추가되는 20시간마다 45,000원씩 가산하여 산출한 금액. 다만, 20시간보다 적은 나머지 훈련시간은 훈련비를 지급하지 아니함
	나. 미수료 또는 수강포기한 경우	가목에 따라 산정한 금액 중 출석률에 해당하는 금액
3. 원격훈련	가. 수료한 경우	「사업주 직업능력개발훈련 지원규정」에서 정하고 있는 원격훈련 지원금 기준금액의 100분의 100. 다만, 인터넷원격훈련의 외국어과정일 경우 상기 원격훈련 지원금은 기준금액의 100분의 50
	나. 미수료 또는 수강포기한 경우	가목에 따라 산정한 금액을 학습 진도율에 따라 계산한 금액(단, 80%를 초과할 수 없음)

29 다음 중 위의 지원 금액에 관한 기준을 바르게 이해한 것은?

① 교육과정 모두 중간에 수강포기하면 지원금을 전혀 받지 못한다.
② 집체훈련을 수료한 경우 최소 수강료의 100분의 80의 지원금을 지급받는다.
③ 원격훈련 과정 중 인터넷원격훈련을 통한 외국어과정을 제외하고 기준금액의 100의 50을 지원금으로 받는다.
④ 외국어과정을 수료한 경우 받는 지원금 비율은 집체훈련 수료 후 받는 지원금 비율보다 높다.
⑤ 우선지원대상기업에 고용된 사람을 제외하고 외국어과정 훈련시간이 20시간 미만인 수료자와 훈련시간이 20시간 이상인 사람의 최초 20시간까지의 지원금액은 동일하다.

30 다음 ㉠, ㉡, ㉢ 근로자(교육생) 각각의 시간당 지원 금액을 순서대로 올바르게 나열한 것은?

> ㉠ 총 수강료가 120,000원인 외국어과정을 40시간 수료한 근로자
> ㉡ 사업주 직업능력개발훈련 지원규정의 미용업에 종사하며 수강료가 시간당 4,000원인 집체훈련과정을 수료한 근로자
> ㉢ 총 수강료가 90,000원인 외국어과정을 15시간 수료한 우선지원대상기업 근로자

	㉠	㉡	㉢
①	1,800원	2,400원	2,700원
②	1,800원	2,700원	3,000원
③	2,250원	2,400원	2,700원
④	2,250원	2,700원	3,000원
⑤	2,400원	2,700원	2,700원

MEMO

MEMO

MEMO

최종 점검 모의고사 1회

문항	답란
1	① ② ③ ④ ⑤
2	① ② ③ ④ ⑤
3	① ② ③ ④ ⑤
4	① ② ③ ④ ⑤
5	① ② ③ ④ ⑤
6	① ② ③ ④ ⑤
7	① ② ③ ④ ⑤
8	① ② ③ ④ ⑤
9	① ② ③ ④ ⑤
10	① ② ③ ④ ⑤
11	① ② ③ ④ ⑤
12	① ② ③ ④ ⑤
13	① ② ③ ④ ⑤
14	① ② ③ ④ ⑤
15	① ② ③ ④ ⑤
16	① ② ③ ④ ⑤
17	① ② ③ ④ ⑤
18	① ② ③ ④ ⑤
19	① ② ③ ④ ⑤
20	① ② ③ ④ ⑤
21	① ② ③ ④ ⑤
22	① ② ③ ④ ⑤
23	① ② ③ ④ ⑤
24	① ② ③ ④ ⑤
25	① ② ③ ④ ⑤
26	① ② ③ ④ ⑤
27	① ② ③ ④ ⑤
28	① ② ③ ④ ⑤
29	① ② ③ ④ ⑤
30	① ② ③ ④ ⑤

성 명

수 험 번 호

① ② ③ ④ ⑤ ⑥ ⑦ ⑧ ⑨ ⓪
① ② ③ ④ ⑤ ⑥ ⑦ ⑧ ⑨ ⓪
① ② ③ ④ ⑤ ⑥ ⑦ ⑧ ⑨ ⓪
① ② ③ ④ ⑤ ⑥ ⑦ ⑧ ⑨ ⓪
① ② ③ ④ ⑤ ⑥ ⑦ ⑧ ⑨ ⓪
① ② ③ ④ ⑤ ⑥ ⑦ ⑧ ⑨ ⓪
① ② ③ ④ ⑤ ⑥ ⑦ ⑧ ⑨ ⓪
① ② ③ ④ ⑤ ⑥ ⑦ ⑧ ⑨ ⓪

감독위원 확인

(인)   (인)

※ 본 답안지는 마킹 연습용입니다.

최종 점검 모의고사 2회

문항	1	2	3	4	5
1	①	②	③	④	⑤
2	①	②	③	④	⑤
3	①	②	③	④	⑤
4	①	②	③	④	⑤
5	①	②	③	④	⑤
6	①	②	③	④	⑤
7	①	②	③	④	⑤
8	①	②	③	④	⑤
9	①	②	③	④	⑤
10	①	②	③	④	⑤
11	①	②	③	④	⑤
12	①	②	③	④	⑤
13	①	②	③	④	⑤
14	①	②	③	④	⑤
15	①	②	③	④	⑤
16	①	②	③	④	⑤
17	①	②	③	④	⑤
18	①	②	③	④	⑤
19	①	②	③	④	⑤
20	①	②	③	④	⑤
21	①	②	③	④	⑤
22	①	②	③	④	⑤
23	①	②	③	④	⑤
24	①	②	③	④	⑤
25	①	②	③	④	⑤
26	①	②	③	④	⑤
27	①	②	③	④	⑤
28	①	②	③	④	⑤
29	①	②	③	④	⑤
30	①	②	③	④	⑤

성명

수험번호
① ② ③ ④ ⑤ ⑥ ⑦ ⑧ ⑨ ⓪
① ② ③ ④ ⑤ ⑥ ⑦ ⑧ ⑨ ⓪
① ② ③ ④ ⑤ ⑥ ⑦ ⑧ ⑨ ⓪
① ② ③ ④ ⑤ ⑥ ⑦ ⑧ ⑨ ⓪
① ② ③ ④ ⑤ ⑥ ⑦ ⑧ ⑨ ⓪
① ② ③ ④ ⑤ ⑥ ⑦ ⑧ ⑨ ⓪
① ② ③ ④ ⑤ ⑥ ⑦ ⑧ ⑨ ⓪
① ② ③ ④ ⑤ ⑥ ⑦ ⑧ ⑨ ⓪

감독관 확인란
인   인

최종 점검 모의고사 3회

성명

수험번호

	① ② ③ ④ ⑤ ⑥ ⑦ ⑧ ⑨ ⓪
	① ② ③ ④ ⑤ ⑥ ⑦ ⑧ ⑨ ⓪
	① ② ③ ④ ⑤ ⑥ ⑦ ⑧ ⑨ ⓪
	① ② ③ ④ ⑤ ⑥ ⑦ ⑧ ⑨ ⓪
	① ② ③ ④ ⑤ ⑥ ⑦ ⑧ ⑨ ⓪
	① ② ③ ④ ⑤ ⑥ ⑦ ⑧ ⑨ ⓪
	① ② ③ ④ ⑤ ⑥ ⑦ ⑧ ⑨ ⓪
	① ② ③ ④ ⑤ ⑥ ⑦ ⑧ ⑨ ⓪

감독위원 확인

(인)   (인)

※ 본 답안지는 마킹 연습용입니다.

문번	답란
1	① ② ③ ④ ⑤
2	① ② ③ ④ ⑤
3	① ② ③ ④ ⑤
4	① ② ③ ④ ⑤
5	① ② ③ ④ ⑤
6	① ② ③ ④ ⑤
7	① ② ③ ④ ⑤
8	① ② ③ ④ ⑤
9	① ② ③ ④ ⑤
10	① ② ③ ④ ⑤
11	① ② ③ ④ ⑤
12	① ② ③ ④ ⑤
13	① ② ③ ④ ⑤
14	① ② ③ ④ ⑤
15	① ② ③ ④ ⑤
16	① ② ③ ④ ⑤
17	① ② ③ ④ ⑤
18	① ② ③ ④ ⑤
19	① ② ③ ④ ⑤
20	① ② ③ ④ ⑤
21	① ② ③ ④ ⑤
22	① ② ③ ④ ⑤
23	① ② ③ ④ ⑤
24	① ② ③ ④ ⑤
25	① ② ③ ④ ⑤
26	① ② ③ ④ ⑤
27	① ② ③ ④ ⑤
28	① ② ③ ④ ⑤
29	① ② ③ ④ ⑤
30	① ② ③ ④ ⑤

NCS 문제해결능력의 기초부터 실전까지 완벽 대비

NCS
고졸채용

문제해결능력

정답 및 해설

NCS 공기업연구소 편저

예문에듀
EDU

NCS 문제해결능력의 기초부터 실전까지 완벽 대비

NCS
고졸채용

문제해결능력

정답 및 해설

NCS 공기업연구소 편저

CHAPTER 01 | 명제

01	02	03	04	05	06	07	08	09	10
①	④	③	③	④	④	②	③	③	①

01

정답 ①

주어진 명제를 기호로 정리하면 다음과 같다.
• 수박 → 복숭아(대우 : ~복숭아 → ~수박)
• 포도 → ~딸기(대우 : 딸기 → ~포도)
• ~키위 → 딸기(대우 : ~딸기 → 키위)
• 키위 → ~복숭아(대우 : 복숭아 → ~키위)
이를 종합하면 '수박 → 복숭아 → ~키위 → 딸기 → ~포도'이고, 그 대우는 '포도 → ~딸기 → 키위 → ~복숭아 → ~수박'이다. 따라서 '복숭아를 좋아하면 딸기도 좋아한다'만 항상 옳다.

> **Tip**
>
> 명제 문제는 기호로 정리하는 것이 편하다. 'p는 q이다'라는 명제가 있을 때 이를 기호로 'p → q'로 표기할 수 있다. 또한 부정은 '~'로 표기하는데, 즉 'p는 q가 아니다'는 'p → ~q'와 같이 표기한다. 명제에서 반드시 기억해야 할 것은 주어진 명제가 참일 때 그 대우 명제도 참이라는 점이다. 즉 'p → q'가 참이면 그 대우인 '~q → ~p'도 참이다. 이를 통해 명제를 서로 연결시킬 수 있다.

02

정답 ④

〈조건〉의 명제를 기호로 정리하면 다음과 같다.
• ~수리통계학 → 전산통계(대우 : ~전산통계 → 수리통계학)
• ~통계해석학 → ~마케팅조사론(대우 : 마케팅조사론 → 통계해석학)
• 수리정보론 → ~전산통계(대우 : 전산통계 → ~수리정보론)
• 통계해석학 → ~수리통계학(대우 : 수리통계학 → ~통계해석학)
A는 마케팅조사론을 신청하였으므로 '마케팅조사론 → 통계해석학 → ~수리통계학 → 전산통계 → ~수리정보론'에 의해 마케팅조사론, 전산통계, 통계해석학을 수강한다.

03

정답 ③

〈조건〉을 정리하면 다음과 같다.
• 월∨화∨수∨목∨금
• (월∧목)∨화
• ~수 → ~월∧~금((월∨금) → 수)
• ~화
이를 종합하면 R사원은 월, 수, 목요일에 반드시 외근을 가야 한다. 따라서 반드시 외근을 가는 날은 3일이다.

> **Tip**
>
> 명제 문제는 기호를 사용하여 정리하는 것이 편리하다. 이때 '또는'은 '∨(합집합)', '그리고'는 '∧(교집합)'으로 표기한다.

04

정답 ③

주어진 명제를 다음과 같이 기호로 정리할 수 있다.
• 튀니지 → ~멕시코(대우 : 멕시코 → ~튀니지)
• 이집트 → 캐나다(대우 : ~캐나다 → ~이집트)
• ~칠레 → 이집트(대우 : ~이집트 → 칠레)
• 스위스 → ~캐나다(대우 : 캐나다 → ~스위스)
• ~튀니지 → ~칠레(대우 : 칠레 → 튀니지)
연결하면 '스위스 → ~캐나다 → ~이집트 → 칠레 → 튀니지 → ~멕시코'이고, 대우는 '멕시코 → ~튀니지 → ~칠레 → 이집트 → 캐나다 → ~스위스'이다.
따라서 '스위스에 가 본 적 있는 사람은 칠레에 가 본 적이 있다'만 항상 참이다.
①은 거짓, ②, ④, ⑤는 참·거짓 여부를 확인할 수 없다.

05

정답 ④

조건을 기호로 정리하면 다음과 같다.
• 최 → ~이(대우 : 이 → ~최)
• ~박 → 이(대우 : ~이 → 박)
• ~정 → ~김(대우 : 김 → 정)
• 정 → 최(대우 : ~최 → ~정)
• ~김 → 유(대우 : ~유 → 김)
종합하면 '~유 → 김 → 정 → 최 → ~이 → 박'이므로, 유 사원이 휴무일 때 근무인 직원은 김 사원, 정 사원, 최 사원, 박 사원이다.

06

〈조건〉의 명제를 기호로 바꾸면 다음과 같다.
- A → D∧E
- ~B → C∧D (대우 : ~C∨~D → B)
- C → ~D (대우 : D → ~C)

A는 참여하므로 첫 번째 조건에 따라 D와 E도 참여한다. D가 참여하면 세 번째 조건의 대우에 의해 C는 참여하지 않는다. 그리고 두 번째 조건의 대우에 의해 C 또는 D가 참여하지 않으면 B는 참여하므로 B는 참여한다. 정리하면 해외 봉사에 참여하는 인원은 C를 제외한 A, B, D, E 4명이다.

07

주어진 명제를 기호로 나타내면 다음과 같다.
- A 정시퇴근 → B 외근(대우 : ~B 외근 → ~A 정시퇴근)
- C 야근 → D 정시퇴근(대우 : ~D 정시퇴근 → ~C 야근)
- D 야근 → ~A 정시퇴근(대우 : A 정시퇴근 → ~D 야근)
- ~C 야근→ ~B 외근(대우 : B 외근 → C 야근)

'D 야근 → ~A 정시퇴근'이지만 'A 정시퇴근 → B 외근'일 뿐 '~A 정시퇴근 → ~B 외근'이 아니므로 ②는 옳지 않다.

오답 분석

① 'B 외근 → C 야근 → D 정시퇴근'으로 이어진다.
③ 'A 정시퇴근 → B 외근 → C 야근'으로 이어진다.
④ '~D 정시퇴근 → ~C 야근 → ~B 외근 → ~A 정시퇴근'으로 이어진다.
⑤ '~C 야근 → ~B 외근 → ~A 정시퇴근'으로 이어진다.

08

주어진 명제를 기호로 나타내면 다음과 같다.
- 영화∨드라마
- ~만화 → ~영화(대우 : 영화 → 만화)
- 음악 → 만화(대우 : ~만화 → ~음악)
- ~드라마
- 만화 → 게임(대우 : ~게임 → ~만화)

이를 종합하면 '나 → 영화 → 만화 → 게임'이라는 명제가 성립한다. 따라서 나는 영화와 게임, 만화를 좋아한다.

09

주어진 명제를 다음과 같이 기호로 정리할 수 있다.
- 안경 → ~흰색 셔츠(대우 : 흰색 셔츠 → ~안경)
- 넥타이 → 재킷(대우 : ~재킷 → ~넥타이)
- ~구두 → 넥타이(대우 : ~넥타이 → 구두)
- 모자 → ~재킷(대우 : 재킷 → ~모자)
- ~안경 → ~구두(대우 : 구두 → 안경)

연결하면 '모자 → ~재킷 → ~넥타이 → 구두 → 안경 → ~흰색 셔츠'이고, 대우는 '흰색 셔츠 → ~안경 → ~구두 → 넥타이 → 재킷 → ~모자'이다. 따라서 '모자를 쓰고 있는 사람은 구두를 신고 있다.'가 반드시 참이다.

10

주어진 조건을 기호로 정리하면 다음과 같다.
1. 젊다∧섬세하다∧유연하다 → 아름답다
2. 아테나 → 섬세하다∧유연하다
3. 아름답다∧~훌륭하다
4. 덕을 가졌다 → 훌륭하다
5. 아테나 → 덕을 가졌다
6. 아름답다∧훌륭하다 → 행복하다

위 조건에 다른 조건 하나를 추가하여 결론 '아테나 → 행복하다'를 도출하여야 한다. 이때 조건 6을 참고하여 '아름답다'와 '훌륭하다'를 결론으로 이끌어낸다. '훌륭하다'는 조건 4와 5를 연결해서 '아테나 → 훌륭하다'를 도출할 수 있다. '아름답다'를 도출하기 위해서는 조건 1에 따라 '젊다∧섬세하다∧유연하다'가 성립해야 하며, 이를 조건 2와 연결시키려면 '아테나는 젊다'가 추가되어야 한다.

01	02	03	04	05	06	07	08	09	10
⑤	⑤	①	⑤	④	①	④	③	①	④

01
정답 ⑤

A, B, C 중 한 사람만 발령자가 되는 경우가 답이다.

발령자 \ 진술	진술 1	진술 2	진술 3
A	참	참	거짓
B	거짓	거짓	참
C	거짓	참	참

따라서 진술 3만 참이고, 해외지사 발령자는 B이다.

02
정답 ⑤

A~E의 진술 중 B와 C는 대립되므로 둘 중 하나는 반드시 거짓이 된다. 또한 D와 E는 둘 다 진실이거나 둘 다 거짓인 동일 관계에 해당한다. 문제에서 5명 중 2명이 거짓말을 한다고 했고, B와 C 중 하나가 거짓이므로 D와 E는 반드시 참이다.
B와 C를 기준으로 나누어 참 · 거짓 여부를 판단하면 다음과 같다.
- B가 참인 경우 : C는 거짓이므로 C가 복사기를 고장 낸 사람이다. 그러면 A의 말도 참이고 D와 E도 참이므로 C를 제외한 전부가 참이 된다. 이는 문제 조건과 어긋나므로 성립하지 않는다.
- C가 참인 경우 : B는 거짓이므로 C는 복사기를 고장 낸 사람이 아니다. 또한 D와 E는 참이므로 D는 복사기를 고장 낸 사람이 아니다. 그러면 나머지 A의 발언이 거짓이 되고, E가 복사기를 고장 낸 사람이 된다. 이는 문제 조건에 부합한다.
그러므로 복사기를 고장 낸 사람은 E이다.

> **Tip**
>
> 참 · 거짓 문제를 해결할 때는 둘 중 하나는 반드시 거짓이 되는 모순 관계를 찾고, 그것을 기준으로 참 · 거짓을 판단한다. 아울러 동일 관계는 이를 제외한 나머지 진술의 참 · 거짓 개수를 판별할 수 있으므로 함께 고려한다.

03
정답 ①

A와 D는 모순 관계이므로, 둘 중 한 명의 진술은 거짓이다. 또한 B와 E는 동일 관계인데, 이미 A와 D 중 1명이 거짓을 말하는 상황이므로 B와 E의 진술은 참이다. 그렇다면 나머지 1명인 C의 말이 거짓이 되므로 범인은 E이며, D를 범인으로 지목한 A의 말이 거짓이다. 정리하면, 거짓을 말한 사람은 A와 C, 범인은 E이다.

04
정답 ⑤

주어진 정보 가운데 하나를 선택하여 참 · 거짓을 가정한다. 정보 1을 기준으로 가정하면 다음과 같다.
- 아랑의 혈액형이 O형인 경우 : 정보 2와 3에서 조안과 기현은 모두 O형일 수 없고, 나머지 내용은 참이 된다. 따라서 태주는 A형, 기현은 AB형이고, 조안은 남은 B형이 된다.
- 아랑의 혈액형이 O형이 아닌 경우 : 태주의 혈액형은 B형이다. 그러면 정보 3에 나타난 태주의 혈액형은 거짓이므로 기현의 혈액형은 O형이다. 그런데 이 경우 정보 2의 내용이 모두 거짓이 되므로 성립할 수 없다.
따라서 A형은 태주, B형은 조안이다.

05
정답 ④

대화에 언급된 날짜는 2월 6일, 2월 9일, 3월 6일이며, 이는 이들이 언급한 월과 일 중 일치한다. 따라서 가능한 날짜는 2월 6일, 2월 9일, 3월 6일, 3월 9일이다. 이를 기준으로 조건이 충족되는지를 판단한다.
- 2월 6일 : A는 2개, B는 1개, C는 1개 일치하므로 조건을 충족하지 못한다.
- 2월 9일 : A는 1개, B는 2개, C는 0개 일치한다. 그러나 요일을 적용하면 조건을 충족하지 못한다.
- 3월 6일 : A는 1개, B는 0개, C는 2개 일치한다. 그러나 요일을 적용하면 조건을 충족하지 못한다.
- 3월 9일 : A는 0개, B는 1개, C는 1개 일치한다. 만약 금요일이나 토요일에 여행을 갔다면 조건을 충족한다.
㉠ 여행 간 날짜는 3월 9일이므로 월과 일을 정확히 기억하는 사람은 없다.
㉢ 토요일에 여행을 갔다면 C는 3월만 일치한다.

오답 분석
㉡ 일요일에 여행을 갔다면 A의 기억이 1개 일치하므로 성립할 수 없다.

06
정답 ①

C와 D의 발언은 모순이다. 따라서 이 둘 중 한 명만 진실이다.
- C가 참인 경우 : 오늘은 B의 생일이다. 그런데 이 경우 A의 발언도 참이 되므로 1명만 진실을 말한다는 조건에 어긋난다.
- D가 참인 경우 : 오늘은 B의 생일이 아니다. 나머지 발언이 모두 거짓이면 오늘은 A의 생일이며, 이때 서로 충돌하는 진술이 없다.
그러므로 오늘 생일인 사람은 A이다.

07

A를 기준으로 참·거짓 여부를 판정한다.

- A가 참일 경우 : B와 C는 모두 영업팀이며, 각 팀에는 2명만이 소속될 수 있으므로 A는 마케팅팀이 된다. 영업팀의 발언만 참이라고 하였으므로 A의 발언은 참이 될 수 없으며, 따라서 모순이 된다.
- A가 거짓일 경우 : A는 마케팅팀이며, 따라서 B와 C 모두가 영업팀 소속이 아니며, 또한 B와 C 모두가 마케팅팀이 될 수도 없다. 그러면 B와 C 중 누가 마케팅팀이 냐를 따져야 하는데, B가 마케팅팀이라고 가정하면 C는 영업팀이 되며 C의 말이 참이 된다. 그런데 이 경우 D 역시 마케팅팀이 되어야 하므로 조건과 모순된다. 따라서 B는 영업팀이며, C가 마케팅팀이 된다. C가 마케팅팀일 경우 D는 영업팀이 되고, 이는 D의 발언과도 일치한다. 표로 정리하면 다음과 같다.

A	B	C	D
마케팅팀	영업팀	마케팅팀	영업팀

08

주어진 진술을 기호로 나타내면 다음과 같다.

- 갑∨병∨정
- ~을∨~병
- 갑 → ~을(대우 : 을 → ~갑)
- 을∨병 → 정(대우 : ~정 → ~을∧~병)

첫 번째 진술이 거짓이라면 갑, 병, 정 아무도 지각을 하지 않았을 것이다.

이때 을이 지각을 했다면 두 번째 진술과 세 번째 진술이 모두 참이 된다. 을이 지각을 하지 않았다면 두 번째 진술과 네 번째 진술이 모두 참이 된다.

따라서 첫 번째 진술은 참이다.

이때 나머지 진술은 거짓이다. 두 번째 진술이 거짓이므로 을과 병은 모두 지각을 했고, 세 번째 진술과 그 대우는 거짓이므로 갑도 지각을 했다. 네 번째 진술이 거짓이므로 정은 지각을 하지 않았다. 따라서 지각을 한 사람은 갑, 을, 병 3명이다.

09

우선 모순 관계와 동일 관계를 확인한다. 4명의 진술 중 A와 B, A와 D는 동시에 참이 될 수 없다. 그중에서도 A는 D를 지목하고, D는 이를 전면 부인하는 상황이므로 이를 기준으로 경우의 수를 고려한다.

- A가 참, D가 거짓인 경우 : D가 거짓이라면 A, B, C는 모두 참이 된다. 그런데 A의 발언과 B의 발언은 동시에 참이 될 수 없으므로 불가능하다.

- A가 거짓, D가 참인 경우 : A가 거짓이므로 B, C, D는 모두 참이 된다. B의 발언이 참이므로 실수를 한 사람은 A이다. 따라서 C와 D의 발언도 참이다.

따라서 실수한 사람과 거짓말한 사람 모두 A가 된다.

10

석재와 유한은 동일 관계이고, 지나와 승주는 모순 관계이다. 따라서 지나와 승주 중 한 명은 반드시 거짓이다. 그런데 5명 중 2명이 거짓이므로 동일 관계인 석재와 유한은 반드시 참이어야 한다. 따라서 은성의 발언은 거짓이 되므로 보고서를 끝내지 못한 사람은 유한이다.

01	02	03	04	05	06	07	08	09	10
⑤	④	④	③	③	①	②	①	②	⑤

01

정답 ⑤

A는 1번째, D는 5번째, F는 6번째로 고정이다. 남은 순서는 2, 3, 4인데, B와 C의 대기번호가 연달아 이어지지 않으므로 B와 C는 2번째 혹은 4번째이며, 3번째는 E이다.

1	2	3	4	5	6
A	B or C	E	C or B	D	F

02

정답 ④

조건 3, 4에 의해 C와 F의 출장일은 확정되어 있으므로 다음과 같이 출장일정표를 그릴 수 있다.

월	수	금
F		C

조건 2에 의해 A는 F와 가지 않으므로 월요일에는 가지 않고, 수요일이나 금요일에 간다.

월	수	금
F	A	C
F		C	A

조건 3에 의해 D, E는 C와 가지 않으므로 수요일에는 가지 않고 월요일이나 금요일에 간다.

월	수	금
	F	A	C	D	E
D	F	A	C		E
D	F		C	A	E
E	F	A	C		D
E	F		C	A	D

남은 칸에 B를 넣어 출장일정표를 완성하면 다음과 같이 5가지 조합이 가능함을 알 수 있다.

월	수	금
B	F	A	C	D	E
D	F	A	C	B	E
D	F	B	C	A	E
E	F	A	C	B	D
E	F	B	C	A	D

이를 통해 월요일에 D와 F가 함께 출장을 가는 경우가 2번에 존재함을 알 수 있다.

03

정답 ④

〈조건〉에 따라 자리를 배치하면 다음과 같다.

이때 F는 D와 마주 보고 있으므로 ④는 참이 아니다.

04

정답 ③

〈조건〉에 의하면 B는 본사 소속이 아니며 E와 같은 지사 소속이다. 그런데 강원지사 소속 2명 중 1명이 C이므로 B와 E는 경기지사 소속이다. 그러므로 강원지사 소속이 아닌 A는 G와 같은 본사 소속이다. 마지막으로 C와 소속이 다른 D도 본사 소속이고, F는 강원지사 소속이다. 이 내용을 표로 정리하면 다음과 같다.

본사	경기지사	강원지사
A, G, D	B, E	C, F

05

정답 ③

마지막 사람이 출근한 시간은 8시 50분이고, 2분 간격으로 출근했으므로 첫 번째 사람이 출근한 시간은 8시 38분이다. ㉠에 의해 A는 6번째, ㉡에 따라 B가 1번째로 출근했고, ㉣과 ㉤에 의해 F는 3번째, G는 4번째로 출근했다. 그리고 ㉢에 의해 D는 2번째, C는 5번째, E는 마지막으로 출근했다. 정리하면 다음과 같다.

출근 시간	8시 38분	8시 40분	8시 42분	8시 44분	8시 46분	8시 48분	8시 50분
출근자	B	D	F	G	C	A	E

06

정답 ①

주어진 진술이 모두 참일 때 가능한 경우는 다음과 같다.

5층	A	A	A
4층	B	B	C
3층	E	E	E
2층	D	C	B
1층	C	D	D

따라서 언제나 참이 되는 것은 ①이다.

07

정답 ②

조건 2, 4, 6을 그림에 적용하면 다음과 같다.

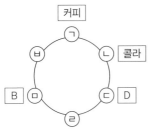

조건 1과 7을 고려하면 B는 콜라를 마시며, ㉣에 앉는 사람은 커피를 마신다. 그러므로 D는 녹차를 마시고 ㉽은 빈 자리이다. 남은 자리 배치상 조건 5에 의해 ㉠과 ㉣에 C와 E가 마주 보고 앉아 있고, 조건 3에 의해 ㉡에 A가 앉는다. 그림으로 정리하면 다음과 같다.

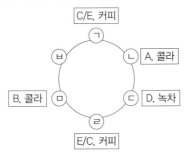

08

정답 ①

4번째 조건에 따라 A는 월요일에 근무하지 않고, 6번째 조건에 따라 B와 C는 수요일에 근무한다. 또한 3번째와 7번째 조건에 의하면 D는 화요일과 목요일에 근무한다. 이 내용을 근무기록표에 적용하면 다음과 같다(근무는 ○, 휴무는 ×로 표기).

구분	월	화	수	목	금
A	×				
B		×	○		
C			○		
D	×	○	×	○	×
E					○

5번째 조건에 의하면 C는 A와 근무일이 겹치지 않는다. C는 2일간 근무하므로 월요일과 수요일에 근무하고, A는 화요일, 목요일, 금요일에 근무한다. C와 목요일을 제외하고 근무일이 모두 겹치는 B는 월요일, 수요일, 목요일에 근무한다. 마지막으로 3번째 조건에 의해 E는 화요일과 금요일에 근무한다. 이 내용을 표로 정리하면 다음과 같다.

구분	월	화	수	목	금
A	×	㉠ ○	×	○	○
B	○	×	○	㉡ ○	×
C	○	×	○	×	㉢ ×
D	㉣ ×	○	×	○	×
E	×	㉤ ○	×	×	○

따라서 근무에 해당하는 것은 ㉠, ㉡, ㉤이다.

09

정답 ②

C는 남동생이 있다고 하였으므로 누나가 없는 D는 여동생이 있다. 그리고 B는 여동생만 있다고 하였으므로 여동생만 1명이 있다. A는 형제가 1명뿐이므로 누나(언니) 1명이고, C는 남동생과 누나(언니)로 형제가 2명이다.

10

정답 ⑤

제품 다를 사용하고 트러블이 발생한 사람은 B뿐이다. 원료에 미네랄오일이 포함된 제품은 가, 다, 라, 마이고, DHT가 포함된 제품은 가, 다, 라인데, B는 가, 다, 라 제품을 사용했을 때 트러블이 발생했으므로 B는 DHT에 트러블 반응을 보임을 알 수 있다.

제품 가를 사용했을 때 트러블이 발생한 사람은 A와 B이다. B는 DHT로 확정되었으므로, 미네랄오일 또는 벤조페논-3가 A에게 트러블을 일으킨다. 그런데 제품 다를 사용했을 때 트러블이 나타나지 않았으므로 A는 벤조페논-3에 트러블 반응을 보임을 알 수 있다. 그러므로 제품 마에는 벤조페논-30이 포함되며, 미네랄오일에 트러블 반응을 보이는 사람은 아무도 없다.

제품 나를 통해 소르빈산이 C의 트러블을 유발하고, 제품 라를 통해 페녹시에탄올이 D의 트러블을 유발함을 알 수 있다. A, B, C, D의 트러블 유발 물질을 표로 정리하면 다음과 같다.

A	B	C	D
벤조페논-3	DHT	소르빈산	페녹시에탄올

01	02	03	04	05	06	07	08	09	10
④	③	③	②	①	③	①	③	②	④
11	12	13	14	15	16	17	18	19	20
②	④	⑤	②	①	④	②	④	④	④

01
정답 ④

부양가족에 본인 및 형제ㆍ자매가 포함되지 않음에 유의해야 한다.
㉠ 6+10+8=24점
㉡ 8+5+10=23점
㉢ 6+15+6=27점
따라서 주택청약가점은 ㉢－㉠－㉡순으로 높다.

02
정답 ③

• A : 연구위원으로 재직한 기간이 4년 미만이므로 선임연구위원 승진자격에 미달된다.
• B : 전문연구원으로 2년 이상 재직하였으나 박사학위를 취득하지 못했으므로 부연구위원 승진자격에 미달된다.
• C : 연구원으로 2년 이상 재직하였고 박사학위를 취득하였으므로 전문연구원 승진자격을 충족한다.
• D : 선임전문원으로 8년 이상 재직하였으나 석사학위를 취득하지 못했으므로 책임전문원 승진자격에 미달된다.
• E : 행정원으로 6년 이상 재직하였으므로 선임행정원 승진자격을 충족한다.
따라서 승진임용자격에 부합하는 사람은 C와 E이다.

03
정답 ③

같은 경조사로 지급대상자가 2인 이상일 경우 1인에게만 지급한다는 점에 유의한다. 이는 부부나 형제자매 등이 함께 재직하는 경우 한 경조사에 대해 1명에게만 지급함을 의미하며, 부모의 경조사는 각각의 건으로 보아야 한다.
㉠ 300,000원, ㉡ 400,000원, ㉢ 1,000,000원, ㉣ 600,000원이므로 지급액은 ㉢－㉣－㉡－㉠ 순으로 많다.

04
정답 ②

세 사람이 동일하게 분배할 비용은 관람 티켓, 교통비, 치킨+음료 세트로 (60,000+210,000+30,000)÷3=100,000원이고, 유니폼은 A와 C, 모자는 B가 구입하였다. 따라서 A와 C는 유니폼 비용 146,000÷2=73,000원을 더한 173,000원을 각각 부담하고, B는 125,000원을 부담한다.
A는 210,000원, B는 171,000원, C는 90,000원을 결제하였으므로, C는 A에게 37,000원을, B에게 46,000원을 전달해야 한다.

05
정답 ①

통과 여부를 ○/×로 표기하면 다음과 같다.

정책	계획의 충실성	계획 대비 실적	성과지표 달성도
A	○	○	○
B	○	○	○
C	×	○	×
D	○	×	○
E	×	○	○
F	○	○	○

모든 영역을 통과한 정책은 A, B, F이다.

06
정답 ③

전년과 동일한 예산이 책정되는 정책은 A, B, F 3개이고, 10% 감액되는 정책은 E 1개, 20% 감액되는 정책은 C, D 2개이다. 따라서 30×3+30×0.9×1+30×0.8×2=165억 원이다.

'계획 대비 실적'이 미통과인 경우 기준에 상관없이 20% 감액한다는 조건을 놓치지 않도록 한다.

07
정답 ①

• 현행 이격거리 : 건물 높이에서 필로티만 제외한 높이÷2이므로(70-3)÷2=33.5m이다.
• 개선 이격거리 : 건물 높이에서 상가와 필로티 부분을 제외한 높이÷2이므로 (70-3-25)÷2=21m이다. 따라서 이격거리는 기존보다 33.5-21=12.5m 줄어든다.

08
정답 ③

• A : 수치가 0.4 미만인 관심과 주의 단계 때는 비누를 사용하여 흐르는 물에 손을 자주 씻어야 한다는 행동요령이 주어진다.
• B : 수치를 보면 경상북도는 경고 단계이나, 경상남도는 주의단계이다. 해당 행동요령은 경상북도에만 적용되는 사항이다.
• C : 대구 지역 눈병 위험도는 위험 단계이며, 해당 단계의 행동요령에 부합한다.
따라서 옳은 것은 A, C이다.

09
정답 ②

지역별 눈병 위험 단계는 다음과 같다.

서울	인천	대전	광주	대구	부산	울산	경기
관심	주의	주의	경고	위험	주의	위험	관심
강원	충북	충남	전북	전남	경북	경남	제주
주의	경고	경고	주의	주의	경고	주의	경고

따라서 올바른 이미지 자료는 ②이다.

10
정답 ④

평가 항목	현행	변경
적립식 예금	1점	2점
수익증권	5점	8점
신용대출	3점	4점
보장성 보험	5점	1점
최근 3개월 내 환전	2점	10점

따라서 보장성 보험 가입자는 기존보다 거래실적 산정에 있어 불이익을 받게 된다.

11
정답 ②

항목별로 점수를 환산하면 다음과 같다.

평가 항목	현행	변경
입출식 예금 최근 3개월 평균잔액 300만 원	210	300
거치식 예금 최근 3개월 평균잔액 2,000만 원	200	400
수익증권 최근 3개월 평균잔액 3,000만 원	1,500	2,400
최근 3개월 환전 3,000불	60	300
합계	1,970	3,400

점수와 금융자산 기준을 볼 때 현행 등급은 그린 등급이며, 변경 등급은 로열이다.

12
정답 ④

시간대별 과목을 정리하면 다음과 같다.

시간	월, 수	화, 목
09:00~10:15	과학과 철학, 인권과 헌법	미술의 세계, 생물학이란 무엇인가
10:30~11:45	역사란 무엇인가, 동양고전의 이해, 현대의 시민생활과 법	교육이란 무엇인가, 현실세계와 통계
12:00~13:15	예술이란 무엇인가, 한국사회의 현실과 쟁점	고대 문명사, 영상문학기행
13:30~14:45	언어란 무엇인가	현대사회의 윤리, 과학사
15:00~16:15	논리란 무엇인가, 현대 물리의 이해	현대인의 정신건강, 컴퓨터란 무엇인가

같은 요일 같은 시간대에는 한 강의실을 배정할 수 없다.

2408 강의실에 배정된 '역사란 무엇인가'와 '현대의 시민생활과 법'은 시간대가 겹치므로 둘 중 한 과목은 다른 강의실로 배정해야 한다.

13
정답 ⑤

사회과학대 소속계열 영역인 인간과 사회 영역을 제외한 나머지 영역에서 1과목씩 신청하였고, 필수과목도 포함되어 있으므로 이수 조건을 충족한다.

오답 분석

① 경영대 소속계열 영역인 인간과 사회를 제외하고 나머지 영역에서 1과목씩 이수해야 하지만, 자연과 과학에 속하는 2과목을 신청했으므로 이수 조건에 어긋난다.
② 인문대에서 제외해야 하는 문학과 예술 영역 과목인 '언어란 무엇인가'를 신청했으므로 이수 조건에 어긋난다.
③ 공과대 소속계열 영역인 자연과 과학 영역을 제외했지만 신청한 과목 중 1개 이상은 반드시 필수과목이어야 한다는 이수 조건에 어긋난다.
④ 사학과는 인문대지만 역사와 철학 영역을 제외하고 신청해야 한다. 그러나 이 영역에 속하는 '논리란 무엇인가'를 신청했으므로 이수 조건에 어긋난다.

14
정답 ②

전시회가 개최되는 이틀 중 하루는 주말이어야 하므로, 대관이 가능한 날짜인 6~7일, 8~9일, 13~14일을 우선해야 한다. 또한 면적이 가장 작은 제3전시실을 대관할 때 비용상 유리하므로 6~7일에 제3전시실을 대관하는 것이 가장 적절하다.

15
정답 ①

- 전시실 기본 사용료 : 150,000원×2일＝300,000원
- 전시실 추가 사용료 : 20,000원×5시간＝100,000원
- 부대설비 사용료 : (45,000＋50,000)×2일＝190,000원

따라서 A회관에 지불해야 할 금액은 총 590,000원이다.

16
정답 ④

해당 연도의 월차는 그 다음 해로 이월되지 않으며, 사용하지 않은 월차는 그 해 마지막 월에 수당으로 지급된다. 따라서 2025년의 월차는 이미 수당으로 지급되었을 것이며, 퇴직일에는 5일분의 월차수당을 지급받는다.

오답 분석

① 한 달 동안 18일 이상 근무해야 월차가 지급되므로 6월에는 월차가 지급되지 않는다.
② 5개월간 만근 시 5일의 월차를 쓸 수 있다.
③ 12월까지 7개월간 만근 후 월차 5개를 사용했다면 남은 2개 월차에 해당하는 2일분의 수당이 지급된다.
⑤ 12월 근무로 발생한 월차는 유급휴일로 사용할 수 없으므로 1년간 최대 11개의 월차를 사용할 수 있다.

17

정답 ②

85점에서 몇 점이 부족한지 확인하면 된다. 연구의 구체성을 제외한 나머지 항목의 총합은 12+13+8+9+14+8+10=74점이므로 연구의 구체성에서 최소 11점 이상 받아야 논문 심사를 통과할 수 있다.

18

정답 ④

3명의 평균이 93점이므로 총점은 279점이다. 그런데 조건에 따라 갑의 점수가 91점, 을의 점수가 92점이므로 병의 점수는 96점이다. 그리고 정의 점수가 병보다 2점 낮으므로 정은 94점이다.

19

정답 ④

복도, 계단에서 인사할 때 상사를 만나더라도 걸음을 멈출 필요는 없으며 3~4계단 위에서 인사하면 된다.

오답 분석

① 엘리베이터 안에서의 적절한 인사 예절이다.
② 통화 중일 때의 인사 예절로 적절하다.
③ 첫 만남의 정중한 인사에 부합한다.
⑤ 물건을 주고받을 때의 가벼운 인사에 해당한다.

20

정답 ④

피해기간은 1년이고, 주간 수인한도보다 7dB(A) 초과하였으므로 5dB(A) 이상~10dB(A) 미만 초과에 해당하는 663,000원이 기본 배상금이다. 그런데 주간 최고소음도를 초과하였으므로 30% 배상금이 가산되며, 수험생 아들에게는 20% 배상금이 추가로 가산된다.
• A씨, 아내, 딸의 배상금 : 663,000×1.3×3=2,585,700원
• 아들의 배상금 : 663,000×1.5=994,500원
따라서 A씨 가족이 배상받는 총 금액은 3,580,200원이다.

CHAPTER 05 | 규칙

01	02	03	04	05	06	07	08	09	10
①	④	③	③	②	⑤	④	③	④	①
11	12	13	14	15					
④	②	③	④	④					

01

정답 ①

메뉴는 한식-일식-중식-양식 순으로, 요일은 목요일-수요일-화요일-금요일-월요일 순으로 선호도가 높다. 메뉴와 요일 선호도 1~3위를 조합하면 다음과 같이 정리된다.

요일＼메뉴	한식	일식	중식
목요일	7.2	6.7	6.2
수요일	6.4	5.9	5.4
화요일	6.2	5.7	5.2

따라서 선호도가 세 번째로 높은 조합은 한식+수요일이다.

02

정답 ④

오답 분석

① 자음을 사용하지 않음
② 알파벳 e 중복 사용
③ 자음 뒤에 숫자 사용
⑤ 1번째 자리에 모음, 8번째 자리에 숫자 사용

03

정답 ③

번호의 첫 자리가 출발권역, 두 번째 자리가 도착권역이므로 3212번 버스의 도착권역은 동대문구, 중랑구, 성동구, 광진구 중 한 곳이다.

04

정답 ③

내용을 그림으로 정리하면 다음과 같다.

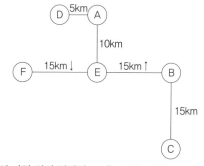

따라서 가장 멀리 떨어진 도시는 C와 D이다.

05

구분	업무지식	정보활용	응용력	책임감	성실성	합계
갑	2	3	2	3	2	12
을	3	1	2	2	3	11
병	1	3	1	2	3	10
정	3	2	3	1	3	12

이들 중 합계 점수가 12점인 갑과 정이 승진 대상자와 성과급 대상자인데, 갑의 평가에 C가 포함되지 않으므로 갑이 승진, 정이 성과급 대상자가 된다.

06

구분	업무지식	정보활용	응용력	책임감	성실성	합계
갑	3	3	2	3	3	14
을	4.5	1	2	2	4.5	14
병	1.5	3	1	2	4.5	12
정	4.5	2	3	1	4.5	15

정은 15점으로 가장 점수가 높으므로 승진 대상자가 된다. 갑과 을은 합계 점수가 같은데, 을이 가중치 항목의 점수가 더 높으므로 을이 성과급 대상자가 된다.

07

조합별 가격과 열량의 합을 구하면 다음과 같다.
- 도시락+삼각김밥+사과주스 : 6,500원(900kcal)
- 치킨버거 2개+콜라 : 5,810원(870kcal)
- 조각피자+콜라+삼각김밥 : 5,850원(880kcal)
- 삼각김밥 2개+검은콩차+콜라 : 5,900원(890kcal)
- 핫도그+아메리카노 2병(1병 추가 증정)+삼각김밥 : 5,700원(800kcal)

도시락+삼각김밥+사과주스 조합이 가장 높은 열량을 가지고 있으나 금액이 6,000원을 초과하므로 적절하지 않다. 제시된 비용 내에서 가장 열량이 높은 조합은 삼각김밥 2개+검은콩차+콜라 조합이다.

08

공장별 실가동률은 다음과 같다.

A	B	C	D	E
75%	80%	83%	80%	87%

실가동률이 가장 높은 공장은 E이며, P부품의 최대 생산 가능 개수는 600×20=12,000개이다.

09

실제 가능시간 기준 공장별 부품 생산량은 다음과 같다.
- A : 300×30=9,000개
- B : 160×20=3,200개
- C : 250×40=10,000개
- D : 400×30=12,000개
- E : 520×20=10,400개

따라서 가장 많은 부품을 생산할 수 있는 D공장과 계약을 체결할 것이다.

10

F까지 가는 경로는 ⓐ A-B-C-D-F와 ⓑ A-B-E-F 둘로 나눌 수 있다. 여기에 환승 소요 시간을 포함하여 총 시간을 계산하면 ⓐ=21+14=35분, ⓑ 28+8=36분이다. 따라서 A역에서 F역까지 이동하는 데 소요되는 최단 경로는 A-B-C-D-F이며 시간은 35분이다.

11

A와 C가 모두 빨간 기둥에 걸었다면 A는 1+2+1+2+1−2=5점, C는 1+2+1+1=5점으로 같다.

오답 분석

① A가 보유한 고리를 같은 색의 기둥에 걸었다면 1+2+1+2+7+2=15점을 획득할 수 있다.
② 초록색 기둥의 점수가 가장 높으므로 고리는 무조건 초록색 기둥에 걸어야 하며, 고리 색과 기둥 색이 같으면 가산점을 받는다. 그런데 B와 C 모두 초록색 고리를 가지고 있지 않으므로, 7+7+7=21점이 최고점이다.
③ 파랑 기둥에만 고리를 걸었다면 A는 3+3+3=9점, B는 3+2+3+2+3−1=12점, C는 3+3−1+3−1=7점, D는 3+2+3−1+3=10점이다.

⑤ 세로방향 가운데 기둥은 노랑, 초록, 빨강색이다. 최저점을 받는 경우는 고리와 다른 색 기둥에 걸고, 초록 고리는 빨강 기둥에 걸 때이다. 이때 점수는 5+7+1−2=11점이다.

12 [정답] ②

3월 9일부터 5월 16일까지 달력은 다음과 같다.

일	월	화	수	목	금	토
	3월 9일	3월 10일	3월 11일	3월 12일	3월 13일	3월 14일
3월 15일	3월 16일	3월 17일	3월 18일	3월 19일	3월 20일	3월 21일
3월 22일	3월 23일	3월 24일	3월 25일	3월 26일	3월 27일	3월 28일
3월 29일	3월 30일	3월 31일	4월 1일	4월 2일	4월 3일	4월 4일
4월 5일	4월 6일	4월 7일	4월 8일	4월 9일	4월 10일	4월 11일
4월 12일	4월 13일	4월 14일	4월 15일	4월 16일	4월 17일	4월 18일
4월 19일	4월 20일	4월 21일	4월 22일	4월 23일	4월 24일	4월 25일
4월 26일	4월 27일	4월 28일	4월 29일	4월 30일	5월 1일	5월 2일
5월 3일	5월 4일	5월 5일	5월 6일	5월 7일	5월 8일	5월 9일
5월 10일	5월 11일	5월 12일	5월 13일	5월 14일	5월 15일	5월 16일

김 사원이 판매 첫 주 평일과 36일 후 공적마스크를 구입한 경우의 수는 다음과 같다.
- 3월 9일 월요일(1, 6년생) → 4월 14일 화요일(2, 7년생)
- 3월 10일 화요일(2, 7년생) → 4월 15일 수요일(3, 8년생)
- 3월 11일 수요일(3, 8년생) → 4월 16일 목요일(4, 9년생)
- 3월 12일 목요일(4, 9년생) → 4월 17일 금요일(5, 0년생)
- 3월 13일 금요일(5, 0년생) → 4월 18일 토요일(출생연도 관계 없음)

3월 13일 금요일에 산 경우를 제외하고는 출생연도가 맞지 않으므로 김 사원은 3월 13일 금요일에 공적마스크를 구매하였다. 따라서 김 사원의 출생연도 끝자리는 5 또는 0이며 5월 8일 금요일에 공적마스크를 구매할 수 있다.

13 [정답] ③

각 영역별 인접한 영역의 수를 표시해 보면 다음 표와 같다.

영역	A	B	C	D	E	F	G	H	I	J
인접 영역	1	4	4	4	6	3	2	6	2	2

이때 인접한 영역이 많은 곳을 기준으로 삼아 책을 칠한다. E를 기준으로 삼을 때, 인접한 영역은 B, C, D, F, G, H이다. 이 중 B와 D, B와 G, C와 G, C와 H, F와 H는 서로 겹치지 않는다. 따라서 F와 H에 다른 색을 칠하면, C는 H와 같은 색을 칠할 수 있고, B와 G에 다른 색을 칠하면, D는 B와 같은 색을 칠할 수 있다. 이때 필요한 색은 총 4가지이다. 남은 영역 A, I, J 중 A는 B에만 인접하므로 B와 겹치지 않는 색을 칠하면 되고, I는 H, J와, J는 H, I와 겹치지 않는 색을 칠하면 된다. 그러므로 필요한 색은 최소 4개이다.

14 [정답] ④

- 홀수 번째 자릿수의 합=9+8+9+0+7+4=37
- 짝수 번째 자릿수의 합=7+8+0+0+2+8=25

따라서 $37+3\times25=112$이므로 10의 배수가 되기 위해서 체크숫자는 8이어야 한다.

15 [정답] ④

다음과 같이 모든 지점을 알아낼 수 있다.

조건 1을 통해서 우체국은 D, E, F 중 한 곳임을 알 수 있다. 또한 조건 2에서 은행은 세 군데 지점과만 연결되어 있으므로 은행은 B, D, E 중 한 곳임을 알 수 있다.

조건 3에서 집을 포함한 세 군데 지점과만 포장도로가 연결된 지점은 B밖에 없으므로 목욕탕은 B가 된다. 또한 목욕탕이 B라면 편의점과 교회는 C와 D 중 각각 한 곳이 된다. 이 경우 조건 4와 C, D의 조건, 은행의 위치 조건 등을 감안하면 우체국은 F가 될 수밖에 없음도 알 수 있다.

따라서 우체국이 F가 되면 C는 교회, D는 편의점이 되어 나머지 한 곳인 E가 은행이 된다.

따라서 B~F는 순서대로 목욕탕, 교회, 편의점, 은행, 우체국이 된다.

01	02	03	04	05	06	07	08	09	10
③	⑤	②	④	②	②	③	②	④	③

01
정답 ③

제시된 표의 빈칸을 채우면 다음과 같다.

팀	경기 수	승점	승	무	패	득	실	차
A	4	−2	1	0	3	2	5	−3
B	4	−1	1	1	2	3	7	−4
C	4	1	2	1	1	6	6	0
D	4	2	3	0	1	11	2	9
E	4	0	1	2	1	2	4	−2
총합	20	0	8	4	8	24	24	0

이를 참고했을 때 옳지 않은 설명은 ©과 ⓔ 2개다.

Tip

승과 패의 총합이 동일하다는 점, 득점의 합과 실점의 합 또한 동일하다는 점, 골득실차와 승점 모두 총합은 0이 된다는 점을 인지하면 빈칸을 어렵지 않게 채울 수 있다.

02
정답 ⑤

변경된 승점 획득 방식에 따라 총 승점을 다시 계산하면 다음과 같다.

팀	경기 수	승점	승	무	패
A	4	3	1	0	3
B	4	4	1	1	2
C	4	7	2	1	1
D	4	9	3	0	1
E	4	5	1	2	1

변경된 방식대로 승점을 책정하여도 순위의 변경은 없다.

03
정답 ②

A사의 국외 출장경비는 모두 1인 기준이므로 A사 해외사업부 5명의 3박 4일 독일 출장경비를 구하면 다음과 같다.
• 항공료 : 2,350,000×5=11,750,000원
• 교통비 : 110,000×4×5=2,200,000원
• 숙박비 : 270,000×3×5=4,050,000원
따라서 A사 해외사업부 5명의 3박 4일 독일 출장경비는 11,750,000+2,200,000+4,050,000=1,800만 원이다.

04
정답 ④

• A : 47만 원×2+87만 원=181만 원
• B : 48만 원×2+85만 원+1만 5천 원=182만 5천 원
• C : 46만 원×2+84만 원+3만 원=179만 원
• D : (48만 원×2+89만 원)×0.97+1만 원=180만 4,500원
• E : 46만 원×2+86만 원=178만 원
백화점 판매가는 50만 원×2+90만 원=190만 원이므로 E쇼핑몰에서 구입할 때 12만 원 더 저렴하게 구입할 수 있다.

05
정답 ②

5개의 쇼핑몰 중 비용이 가장 적게 드는 곳은 E쇼핑몰이다. 이곳을 제외하면 AS309DW 모델 판매가는 C쇼핑몰이 가장 저렴하나 배송비를 포함하면 B쇼핑몰에서 구입할 때 855,000원으로 가장 저렴하다.

A	B	C	D	E
870,000원	855,000원	870,000원	873,300원	품절

06
정답 ②

1권당 제작비는 다음과 같다.
• 내지 : 10×50=500원
• 표지 : 200+200=400원
• 제본 : 1,100원
권당 제작비는 2,000원이므로 2,000부 제작 시 400만 원이나, 15% 할인이 적용되므로 제작비는 총 340만 원이다.

07
정답 ③

발주 내역에 따른 1권당 제작비는 다음과 같다.
• 내지 : 40×20+20×60=2,000원
• 표지 : 300+200=500원
• 제본 : 1,000원
권당 제작비는 3,500원이므로 3,000부 제작 시 1,050만 원이나, 20% 할인이 적용되므로 840만 원이다.

08
정답 ②

○○팀의 최종 성적은 3승 5패이고 ○○팀과의 경기를 제외한 8팀 간의 경기는 모두 무승부라고 하였으므로 규정 1과 규정 2를 적용했을 때 승점과 순위를 계산하면 다음과 같다.

구분	최종 성적	규정 1	규정 2
○○팀	3승 0무 5패	6점(9위)	9점(6위)
5팀	1승 7무 0패	9점(1~5위)	10점(1~5위)
3팀	0승 7무 1패	7점(6~8위)	7점(7~9위)

따라서 규정 1과 규정 2를 적용했을 때 ○○팀의 순위차는 9위−6위=3위이다.

09

- A : 비수기에 주중 2박이므로 90,000×2=180,000원 이다.
- B : 성수기 금요일 1박에 추가 1명이므로 140,000+20,000 =160,000원이다.
- C : 성수기 공휴일 전일이므로 토요일 요금이 적용되며 1박에 추가 1명이므로 180,000+20,000=200,000원 이다.

따라서 C-A-B 순서로 이용요금이 많다.

10
정답 ③

8월 9일은 성수기 금요일이므로 1박 요금은 140,000원이 다. 취소 문의를 한 날짜는 예약일 기준 5일 전인 8월 4일 이므로 70%를 환불받는다. 따라서 환불 금액은 98,000원 이다.

PART 02 최종 점검 모의고사

01	02	03	04	05	06	07	08	09	10
③	①	④	③	③	④	④	③	⑤	②
11	12	13	14	15	16	17	18	19	20
③	④	③	④	②	③	④	⑤	②	④
21	22	23	24	25	26	27	28	29	30
②	⑤	④	④	⑤	②	③	④	⑤	④

01 　　정답 ③

각 명제를 기호로 정리하면 다음과 같다.

- 은서 → 지민 (대우 : ~지민 → ~은서)
- 소혜 → ~태주 (대우 : 태주 → ~소혜)
- 지민 → ~인하 (대우 : 인하 → ~지민)
- ~소혜 → 인하 (대우 : ~인하 → 소혜)

이를 종합하면 은서 → 지민 → ~인하 → 소혜 → ~태주이고, 대우는 태주 → ~소혜 → 인하 → ~지민 → ~은서이다.

따라서 '은서가 참가하면 인하도 참가한다'는 참이 아니다.

02 　　정답 ①

두 번째로 방문하는 국가는 오스트리아로 고정이며, 다섯 번째로 벨기에를 거쳐 마지막으로 체코를 방문한다. 헝가리와 오스트리아는 연이어 방문하는데 만약 헝가리가 세 번째 방문하게 될 국가라면 마지막으로 방문할 나라는 프랑스여야 한다. 그러나 체코가 마지막 국가이므로 헝가리가 첫 번째 국가가 된다. 따라서 헝가리-오스트리아-스위스-프랑스-벨기에-체코 순으로 방문한다.

03 　　정답 ④

개정안에 의하면 음주운전으로 2회 이상 적발 시 2~5년 이하의 징역을 선고받는다.

04 　　정답 ③

우선 B는 15일 전까지만 취소 가능하고, D는 예약 변경·취소가 불가능하므로 후보에서 제외한다. 나머지 예약사이트별 금액은 다음과 같다.

- A : 240,000×3=720,000원
- C : 190,000×4×0.9=684,000원
- E : 175,000×4=700,000원(14,000 포인트 적립)

포인트 적립 금액을 감안하더라도 C가 가장 저렴하므로, K는 C를 통해 숙박을 예약할 것이다.

05 　　정답 ③

고객 C의 최근 3개월간 ○○홈쇼핑 이용에 따른 점수는 다음과 같다.

- 총 구매 금액 : 175만 원 → 40점
- 총 구매 횟수 : 7회 → 20점
- 총 반품 횟수 : 1회 → -2점
- 리뷰 등록 수 : 3회 → 1점

합계 점수는 40+20-2+1=59점이고 우수 리뷰 1회 선정으로 2% 가산된다. 따라서 최종 점수는 60.18점이므로 골드 등급에 해당한다.

06 　　정답 ④

J의 여행 일정을 정리하면 다음과 같다.

구분	숙박비(1박)	식비(1일)	교통비(1일)	기타(1일)
예상 경비	90달러	75달러 (25×3)	50달러	80달러

이에 따라 총 경비를 계산하면 360(숙박비)+375(식비)+250(교통비)+400(기타)=1,385달러이며, 이를 원화로 계산하면 1,495,800원이다. 환율 정보에 따라 1,385달러를 구입하기 위한 금액과, 해당 금액을 구입하기 위한 원화를 계산하면 다음과 같다.

구분	a	b	c
외화 → 달러	9,002.5a	152,350b	1,108c
원화 → 외화	1,440,400원	1,523,500원	1,385,000원

가장 저렴한 방법은 원화를 c로 환전한 후 다시 달러로 바꾸는 것이며, 원화를 바로 달러로 환전했을 때와의 차액은 1,495,800-1,385,000=110,800원이다.

07

정답 ④

추첨 예비가격에서 가장 많이 선택된 4개의 예비가격은 178,500,000원(2건), 184,000,000원(2건), 186,000,000원(2건), 188,500,000원(2건)이다. 이를 산술평균한 예정가격은 184,250,000원이며 낙찰하한율은 156,612,500원이다. 각 업체의 입찰가 중 낙찰하한율 이하의 가격을 제시한 E를 제외하고 가장 낮은 금액으로 162,000,000원을 제시한 업체는 D이다. 따라서 D가 낙찰될 가능성이 가장 높다.

08

정답 ③

7번 문제의 결과에 따라 가격평가 항목의 점수를 구하고 기술평가 항목과 합하여 최종 점수를 구하면 다음과 같다.

구분	A	B	C	D	E
기술평가	48	53	51	44	47
가격평가	12	18	24	30	6
최종 점수	60	71	75	74	53

이 경우 최종 낙찰 가능성이 가장 높은 업체는 C이다.

09

정답 ⑤

거래 시 소모되는 비용(각종 수수료) 절감은 수입기업 측이 얻는 장점이다.

10

정답 ②

수입기업이 수출기업에 카드를 주문한 후 거래 관련 데이터를 은행에 전달하면서 글로벌 구매카드의 승인을 요청한다.

11

정답 ③

• 매매 건 : 7억 8천만 원×0.5%=390만 원
• 임대 건 : 6억 1천만 원×0.6%=366만 원
따라서 중개보수금은 756만 원이다.

12

정답 ④

프로그램 신청 기간은 20xx년 10월 22일부터 11월 23일이며, 참여할 수 있는 기간은 20xx년 11월 12일부터 12월 15일 사이이다.

13

정답 ③

스케줄이 있는 날짜를 달력에 표시하면 다음과 같다.

일	월	화	수	목	금	토
		12 B	13 B	14 B	15 B	16 B
17 B	18 B	19	20	21 A	22	23
24	25	26	27	28	29	30 C
1 C	2	3	4	5	6	7
8	9	10	11	12 D	13	14
15						

최소 7일 감귤 수확 작업에 참여하고, 2일간 관광하기 위해서는 12월 2일 또는 3일에 시작해야 한다.

14

정답 ④

JL35가 인식한 신호를 해석하면 '서-서-북-동-남-동-동-북-동'이 된다. 출발 지점에서 이 경로를 따라 이동하면 JL35의 불시착 지점은 D임을 알 수 있다.

15

정답 ②

법인등기부등본의 경우 법인인 경우에 한해 제출해야 한다고 되어 있다. 따라서 개인사업자인 ○○식품은 법인등기부등본을 제출할 필요가 없다.

16

정답 ③

각 항목을 살펴보면 모두 3개 등급으로 평가되어 있음을 알 수 있다. 이에 따라 각 평가 항목을 1~3점으로 환산하여 정리하면 다음과 같다.

평가항목	A	B	C	D	E
자기자본비율	3	3	2	1	2
부채비율	1	3	3	2	2
취급 식품의 배상책임보험 규모	3	1	3	1	2
축·수산물 원산지 증명 표시	3	2	1	2	3
냉동/냉장차량 보유	3	1	3	3	1
축·수산물 작업 HACCP 인증	1	2	1	3	3
사업장 및 냉동/냉장차량 정기 소독	3	2	3	1	1
전자발주 시스템 구축	2	3	3	1	2
소수점 발주	2	1	3	3	1
긴급 배송/반품 가능 횟수	1	2	1	3	3
추가발주 등에 대한 긴급 배송	3	1	1	2	3
직원 대상 CS 교육	2	3	1	3	1

행사 시 식기류 대여 및 행사 시 조리장 파견	3	2	3	1	1
총점	30	26	28	26	25

따라서 최종 낙찰될 가능성이 두 번째로 높은 업체는 C이다.

17 정답 ④

'4. 플라스틱류' 분리배출 방법에 따르면, 칫솔이나 알약 포장지와 같이 여러 재질이 섞여 있는 플라스틱 제품은 분리배출하지 않고 종량제 봉투에 담아 배출한다.

18 정답 ⑤

영어 단어를 한글 모드에서 타이핑하여 입력하는 것도 널리 알려진 단어로 구성된 패스워드를 사용한 경우로 볼 수 있다.

오답 분석

② aaa 또는 123 등 패턴이 반복되는 패스워드는 피해야 한다.
③ 의미 없는 단어라도 연속으로 나열된 sdfgh 또는 $%^&* 등은 회피하여야 한다.
④ 개인정보 중 생일이나 전화번호 등은 제3자에게 널리 알려졌으므로 피해야 한다.

19 정답 ②

문자, 숫자 등의 혼합사용이나 자릿수 등 쉽게 이해할 수 있는 부분이 없는 경우로 적절한 패스워드이다.

오답 분석

① 문자 조합에 관계없이 7자리 이하의 패스워드이므로 적절하지 않다.
③ 'university'를 거꾸로 타이핑한 부적절한 패스워드이다.
④ 'house'를 쉽게 알 수 있는 경우이다.
⑤ 'ncs', 'cookie' 등의 특정 명칭으로 구성되어 부적절하다.

20 정답 ④

'용적률 산정 시 연면적은 지하층 부분의 면적이나 사람들의 상시적인 거주성이 없는 공간의 면적은 제외한다.'고 언급되어 있다. 이는 지하층처럼 지상 건축물의 물리적 밀도에 영향을 주지 않는 부분은 용적률을 산정할 때 면적에서 제외하는 것이며, 주차장, 피난안전구역 및 대피공간은 사람들의 거주성이 없는 공간이므로 용적률 산정을 위한 연면적에서 제외된다.

오답 분석

① 용적률은 연면적과 대지면적에 의해 바뀌게 되므로 건축면적과 층수를 조정하여도 동일한 용적률이 계산될 수 있다.
② 대지면적을 줄여 도로의 폭을 확보하여야 하므로 대지 축소에 따라 건축면적도 줄어들 수 있다.

③ 일정한 대지면적에 대하여 건폐율은 건축면적만을 측정하므로 평면적 밀도를 관리하는 수단이며, 용적률은 매 층의 연면적이 모두 반영되므로 입체적 밀도를 관리하는 수단이라고 말할 수 있다.
⑤ 지상층의 최대 건축가능연면적=대지면적×최대 허용 용적률이므로 이 식에 의해 성립한다.

21 정답 ②

건축법상의 도로 폭을 확보해야 하므로 양쪽의 대지에서 각각 0.5m의 대지를 도로에 할애해야 한다. 따라서 박 부장이 이용할 수 있는 대지의 크기는 20×25m에서 19.5×25m로 줄어들며, 이때의 대지면적은 487.5m^2가 된다. 따라서 제3종 일반주거지역의 최대 허용 건폐율인 50%를 적용하면 건축물의 면적은 최대 487.5×0.5=243.75m^2이다.

22 정답 ⑤

지하층은 용적률 산정에서 제외한다고 하였으며, 제3종 일반주거지역의 용적률은 100~300%이다. 건물의 최대 면적은 건폐율을 준수하기 위하여 243.75m^2를 넘을 수 없으며, 용적률을 적용한 연면적의 넓이는 487.5×1=487.5m^2에서 487.5×3=1,462.5m^2 사이에 포함되어야 한다.
따라서 ⑤와 같은 크기의 건물은 14×17=238m^2로 건폐율 허용 범위를 넘지는 않으나, 238×2=476m^2로 용적률 범위에 미치지 못하므로 건축 불가능하다.

23 정답 ④

조건에서 회계부와 기획부는 서로 인접한 층에 위치하며, 홍보부는 회계부보다 위층, 인사부다는 아래층에 위치한다. 따라서 회계부가 5층이면, 기획부는 6층, 홍보부는 7층이다. 확정 사실만을 그림으로 정리하면 다음과 같다.

구분	경우 1	경우 2
8층		인사
7층		홍보
6층		회계/기획
5층		기획/회계
4층	연구	연구
3층	총무	총무
2층	회계/기획	
1층	기획/회계	

따라서 회계부가 5층이라면 홍보부는 7층이다.

오답 분석

① 생산부는 별다른 조건이 제시되지 않았으므로, 연구부의 위층이나 아래층 모두 위치할 수 있다.
② 영업부는 조건이 제한되지 않았으므로 3층과 4층을 제외한 모든 층에 위치할 수 있다.
③ 기획부와 회계부는 연달아 위치하므로 기획부가 1층이라면 회계부는 2층이다. 홍보부는 회계부보다 높은 층

이나 5층에 위치할 수 있다.
⑤ 인사부는 홍보부보다 위층에 위치해야 하고, 회계부는 홍보부보다 아래층에 위치하므로 6층 이상에만 배치된다.

24 정답 ④

3월은 난방기에 해당한다. B동에는 10인실이 있고, 객실당 최대 2명까지 추가로 이용할 수 있으므로 (36,000+4,000×2)×2=88,000원이므로 10만 원을 넘지 않는다.

오답 분석

① 이용일 3일 전에는 전액 환불이 가능하다고 안내되어 있다.
② 1박 2일이므로 객실 사용에 해당하며 55명을 한번에 수용하려면 강당을 이용해야 한다. 기본 3시간을 1시간 초과하여 사용하므로 10,000원이 추가된 70,000원을 지불한다.
③ 화요일이 국경일로 휴일이면 휴일 전날인 월요일도 주말 요금이 적용되므로 수요일과 목요일만 평일 요금이 적용된다.
⑤ A동은 총 21개, B동은 20개의 객실이 있다. 또한 B동은 1인당 이용료를 환산하면 최저 3,000원으로 동일하나, A동은 최저 9,250원으로 더 비싸다.

25 정답 ⑤

• 사례 1 : 7월 15일은 성수기 요금이 적용된다. A동은 정해진 인원을 초과하여 이용할 수 없으므로 특2인실 2개를 이용한다. 따라서 사용료는 82,000×2=164,000원이다.
• 사례 2 : 9월 1일은 비수기 요금이 적용된다. B동은 객실당 최대 2명의 추가 이용이 가능하므로 6인실 1개와 8인실 1개를 사용하고, 1인을 추가할 때 최저 비용으로 이용할 수 있다. 따라서 사용료는 (18,000+24,000+4,000)×2=92,000원이다.
따라서 사례 1과 2의 사용료 차액은 164,000−92,000=72,000원이다.

26 정답 ②

전세보증금이 2,000만 원인 경우 연 이자는 1% 적용된다. 입주자부담 보증금을 제외한 전세보증금(2,000만 원×0.95)×연 이자(0.01)÷12×대손충당금(1.005)=15,910원이다.

27 정답 ③

가나다정은 식전 30분부터 식사 직전까지 복용이 가능하고, 최종 복용시간은 오후 6시까지이므로 저녁식사 전 가나다정을 복용하려면 저녁식사를 오후 6시 30분에는 시작해야 한다.

오답 분석

① 식사를 거르게 될 경우 가나다정은 복용을 거른다.
② ABC정을 복용할 때 정기적인 혈액검사가 필요하다.
④ ABC정은 씹지 말고 그대로 삼켜 복용해야 한다.
⑤ 가나다정은 식전 30분부터 복용 가능하고, ABC정은 식후 1시간 이내까지 복용해야 하므로 식사시간이 30분이라면 두 약의 복용시간은 최대 2시간 차이가 날 수 있다.

28 정답 ④

일	월	화	수	목	금	토
	1	2	3	4	5	6
7	8	9	10	11	12	13
14	15	16	17	18	19	20
21	22	23	24	25	26	27
28	29	30	31			

1일이 월요일이므로 정 대리는 위와 같은 달력에 해당하는 기간 중에 출장을 가려고 한다. 3박 4일 일정 중 출발과 도착일 모두 휴일이 아니어야 한다면 월~목요일, 화~금요일, 금~월요일 세 가지의 경우의 수가 생긴다. 그런데 현지에서 복귀하는 비행편이 화요일과 목요일이므로 월~목요일의 일정을 선택해야 한다. 또한 회의가 셋째 주 화요일이라면 16일이며 그 이후 가능한 월~목요일은 두 번이 있으나, 마지막 주의 경우 도착일이 다음 달로 넘어가게 되므로 조건에 부합되지 않는다. 따라서 조건에 부합하는 출장 출발일은 22일이다.

29 정답 ⑤

㉠ 전체 출연금은 4.5(=3+1.5)억 원이며, 이의 50%는 2.25억 원으로 지원상한액을 초과하므로 지원 상한액인 2억 원을 받아, 총 공동기금은 6.5억 원이다.
㉡ 전체 출연금은 3억 원이며, 이의 50%에 해당하는 1.5억 원을 지원받아 총 공동기금은 4.5억 원이 된다.
㉢ 앞의 두 경우가 모두 조건에 맞는 기금이고 지원금을 포함한 출연금의 80%까지 사용할 수 있다고 명시되었으므로 총 공동기금의 80%인 6.5×0.8=5.2억 원과 4.5×0.8=3.6억 원을 합한 금액은 총 8.8억 원이다.

30

참여 기업별 출연금의 50%가 아니라 총 기금액의 50%(최대 2억 원까지)이므로 출연금액이 적은 기업이 지원금 혜택을 더 많이 볼 수 있다.

오답 분석

① 하나의 대기업이 동일 협력업체와 수 개의 기금법인을 설립하는 경우가 아니므로 지원 대상에 해당된다.
② 당기순이익의 100분의 10까지 법인세 손비로 인정되는 세제혜택이 주어진다.
③ 정부 지원금을 포함한 출연금액의 80%를 근로복지사업으로 사용할 수 있다고 설명되어 있으며 근로복지사업에는 명절 선물비가 포함되어 있다.
⑤ 제도의 기본 취지는 대기업과 중소기업 모두의 복지향상이며, 대기업의 참여 없이 중소기업끼리의 공동 기금 출연인 경우에도 지원은 동일하다.

CHAPTER 02 | 최종 점검 모의고사 2회

01	02	03	04	05	06	07	08	09	10
①	④	④	②	⑤	②	④	③	③	①
11	12	13	14	15	16	17	18	19	20
③	③	③	①	③	④	③	④	①	①
21	22	23	24	25	26	27	28	29	30
④	②	⑤	①	⑤	①	②	⑤	③	①

01

정답 ①

주어진 조건을 정리하면 '~과일주스 → 케이크 → 커피 → 자가용 → ~홍차'와 그 대우인 '홍차 → ~자가용 → ~커피 → ~케이크 → 과일주스'가 성립한다. 이때 반드시 참인 것은 '~과일주스 → ~홍차'뿐이다.

02

정답 ④

E 혹은 B의 면접 순서에 따라 경우의 수를 따져보면 다음과 같다.

• E 혹은 B가 첫 번째 순서로 면접을 보는 경우

1	2	3	4	5	6	7
E/B	G	C	A	B/E	F	D

• E 혹은 B가 두 번째 순서로 면접을 보는 경우

1	2	3	4	5	6	7
G	E/B	C	A/F	F/A	B/E	D

따라서 E는 경우에 따라 F 다음 순서로 면접을 진행할 수 있으며, C는 G 다음 순서로 면접을 진행하는 경우가 반드시 존재한다.

03

정답 ④

전제와 결론의 명제와 대우를 다음과 같이 정리할 수 있다.
전제 1 : 아침 → 저녁(대우 : ~저녁 → ~아침)
결론 : ~간식 → ~아침(대우 : 아침 → 간식)
따라서 전제 2는 '저녁 → 간식(대우 : ~간식 → ~저녁)'
가 되어야 한다.

04 정답 ②

A, B, C, D, E 중 1명이 범인(장식품을 깨뜨린 사람)인 경우를 각각 가정하면 다음과 같이 정리할 수 있다.

구분	A가 범인	B가 범인	C가 범인	D가 범인	E가 범인
A의 진술 (B=범인)	거짓말	진실	거짓말	거짓말	거짓말
B의 진술 (C=범인)	거짓말	거짓말	진실	거짓말	거짓말
C의 진술 (B=거짓말)	진실	진실	거짓말	진실	진실
D의 진술 (E=거짓말)	거짓말	거짓말	거짓말	거짓말	진실
E의 진술 (E≠범인)	진실	진실	진실	진실	거짓말

B가 범인인 경우만 거짓말하는 사람이 2명이므로 범인은 B이다.

Tip

B와 C의 진술이 모순되고 D와 E의 진술이 모순되므로 B, C 중 1명은 항상 거짓을 말할 수밖에 없고, D와 E도 마찬가지이다. 따라서 A의 진술은 항상 참이 되어, 범인은 B가 된다.

05 정답 ⑤

- 운전자 가혁의 혈중알코올 농도 $= \dfrac{140 \times 0.25 \times 0.8}{80 \times 0.7 \times 10}$

  $= 0.05\%$, 2시간 30분 지났으므로 $0.05 - (2 \times 0.015) = 0.02\%$이다.

- 운전자 나라의 혈중알코올 농도 $= \dfrac{160 \times 0.2 \times 0.8}{65 \times 0.6 \times 10}$

  $≒ 0.066\%$, 3시간 30분 지났으므로 $0.066 - (3 \times 0.015) = 0.021\%$이다.

- 운전자 다희의 혈중알코올 농도 $= \dfrac{150 \times 0.15 \times 0.8}{55 \times 0.6 \times 10}$

  $≒ 0.055\%$, 3시간 30분 지났으므로 $0.055 - (3 \times 0.015) = 0.01\%$이다.

- 운전자 라준의 혈중알코올 농도 $= \dfrac{100 \times 0.4 \times 0.8}{95 \times 0.7 \times 10}$

  $≒ 0.048\%$, 2시간 30분 지났으므로 $0.048 - (2 \times 0.015) = 0.018\%$이다.

- 운전자 마현의 혈중알코올 농도 $= \dfrac{200 \times 0.15 \times 0.8}{70 \times 0.7 \times 10}$

  $≒ 0.049\%$, 1시간 30분 지났으므로 $0.049 - (1 \times 0.015) = 0.034\%$이다.

운전자 마현의 경우 현행 음주운전 판정 기준인 혈중알코올 농도 0.05%를 넘지 않으므로 음주운전 판정을 받지 않지만, 강화 기준을 적용 시 0.03%를 넘으므로 음주운전 판정을 받게 된다.

06 정답 ②

산 지 반년도 채 되지 않았으므로, 경감률은 0%이다. 개인 용무를 위한 비영업용 승용차로 배기량 1,800cc이므로 cc당 200원의 세액이 붙어 납부해야 하는 자동차세는 200원×1,800cc=360,000원이다. 납부 금액에 지방교육세 30%가 포함되어야 하므로, 360,000원×0.3=108,000원을 더하면 실질적으로 납부할 금액은 468,000원이다.

07 정답 ④

157,500원이며, 차령 8년이므로 경감률 30%를 적용받는다. 따라서 자동차세는 157,500×0.7=110,250원이다.

오답 분석

① 4,000cc×24원=96,000원이며, 차령 3년이므로 경감률 5%를 적용받는다. 따라서 자동차세는 96,000×0.95=91,200원이다.

② 70,000원이며, 차령 5년이므로 경감률 15%를 적용받는다. 따라서 자동차세는 70,000×0.85=59,500원이다.

③ 22,500원이며, 차령 2년이므로 경감률 0%를 적용받으므로 자동차세는 22,500원이다.

⑤ 18,000원이며, 차령 4년이므로 경감률 10%를 적용받는다. 따라서 자동차세는 18,000×0.9=16,200원이다.

08 정답 ③

- 사원 A : 공제대상 의료비는 230만 원-2,400만 원×3%=158만 원이며, 15% 세액공제되므로 158만 원×0.15=237,000원이다.

- 사원 B : 공제대상 의료비는 500만 원-3,600만 원×3%=392만 원이며, 20% 세액공제되므로 392만 원×0.2=784,000원이다.

※ 난임시술비는 세액공제율 20%를 적용받는다.

- 사원 C : 공제대상 의료비는 758만 원-2,800만 원×3%=674만 원이며, 15% 세액공제되므로 674만 원×0.15=1,011,000원이다.

- 사원 D : 공제대상 의료비는 1,200만 원-5,000만 원×3%=1,050만 원으로, 700만 원을 초과한다. 따라서 한도 초과금액인 1,050-700=350만 원과 65세 이상자(67세 부모님)를 위한 의료비 총액인 1,200만 원 중 적은 금액인 350만 원을 700만 원과 합한 1,050만 원이 공제대상 의료비가 된다. 15% 세액공제되므로 1,050만 원×0.15=1,575,000원이다.

- 사원 E : 의료비 총액인 80만 원은 총 급여액인 2,250만 원의 3%인 67만 5천 원을 초과하지 않았으므로, 해당되지 않는다.

따라서 세액공제받는 금액이 두 번째로 많은 사원은 C이다.

09

정답 ③

내구연한이 경과한 제품 중 제품의 외형 및 작동 상태에 이상이 없는 제품 등은 내구연한의 1/2 기간 내에서 연장하여 대여할 수 있다. 욕창예방매트의 내구연한은 3년이므로, 1년 6개월 연장 대여만이 가능하다.

10

정답 ①

모델 SHM 300의 월 대여금액은 70,400원이다. K씨는 타법령에 따른 의료급여수급자이므로 대여금액의 6%인 4,220원(10원 미만 절사)을 매월 부담해야 하고, 12개월분에 해당하는 납부총액은 50,640원이다.

11

정답 ③

WO 항목에는 기회 요인을 활용하여 약점을 보완하는 내용이 적절한데, ③에서는 약점을 보완하는 내용을 찾을 수 없다. 또한 배송 속도가 빠른 배송업체를 결정하는 것은 신속·저렴한 전국적 운송망이라는 기회를 활용하는 전략이지만, 훼손 상품을 줄이려는 노력은 기회가 아니라 위협에 대응하는 전략이다.

12

정답 ③

A씨는 기기 한 대에 해당하는 스마트홈 ONE 서비스 3년(36개월) 약정을 신청하였으므로 월 1,100원의 이용료를 지불하였다. 이는 3년 약정에 따른 할인 혜택이 적용된 금액으로 무약정 요금을 기준으로 할 때 월 2,200원의 할인을 받은 것이므로, 약정을 위반했을 경우 18개월 간 2,200원씩 할인받은 금액의 25%에 해당하는 할인반환금을 지불해야 한다. 즉, 지불해야 하는 할인반환금은 2,200원×18×25%=9,900원이다.

13

정답 ③

참석자 명단별 입장료는 다음과 같다.

참석자		입장료	비고
B과장 가족	B과장	44,000	다자녀 가정 우대/대인
	배우자	44,000	다자녀 가정 우대/대인
	자녀1 만 16세	37,000	다자녀 가정 우대/청소년
	자녀2 만 14세	37,000	다자녀 가정 우대/청소년
	자녀3 만 12세	35,000	다자녀 가정 우대/소인

	J대리		56,000	
J대리 가족	배우자	임산부 (산모수첩 소지)	47,000	임산부 우대
	자녀1	만 1세	0	36개월 이하
L주임 가족	L주임	국가유공자 (증명서류 소지)	28,000	국가유공자 우대
	배우자		28,000	국가유공자 동반1인 우대
P주임	P주임	4급 장애인 (장애인 등록증 소지)	33,000	장애인 우대 (4급 본인 적용)
E사원	E사원		56,000	

참석자 12명의 입장료를 더하면 총 445,000원이 된다.

14

정답 ①

그룹별로 1순위 표를 정리하면 다음과 같다.
- A : 2,500+2,000=4,500표
- B : 2,000표
- C : 1,800표
- D : 500표
- E : 1,200표

회원 1만 명의 총 1만 표 중 5,000표 이상을 받은 그룹이 없다. 따라서 최소의 표를 받은 그룹 D의 표가 그룹 C에게 넘어가며 그룹 C의 득표수는 1,800+500=2,300표가 된다. 그럼에도 과반수의 표를 얻지 못하므로, 그룹 E의 표가 그룹 A에게 넘어가며 그룹 A의 득표수는 4,500+1,200=5,700표가 된다. 따라서 올해의 앨범상을 받는 그룹은 A이다.

15

정답 ③

원료입고 및 세척과 제품 검수를 제외한 비용에서 10%씩 절감되므로, 기존 생산비에서 (140+100+50+30+90+50+40)×0.1=50원이 줄어든다. 따라서 100병 생산 시 5,000원을 절감하게 된다.

16

정답 ④

불량률이 15%에서 5%로 줄어든 상황이다. 즉, 500병 생산 시 기존에는 425병만 판매할 수 있었지만 혁신 후에는 475병을 판매할 수 있다. 생산비는 동일하나 기존보다 50병을 더 판매할 수 있으므로 판매수익은 640×2×50=64,000원 증가한다.

17

수수료 항목을 제외한 나머지 항목의 점수 합계는 M사 48, K사 44, J사 46, D사 44이다. 감점 사항에는 가격착오 매매가 포함되며, 1건당 1점씩 감점된다. 따라서 M사가 3점 감점되면 45점이되어 J사와 순위가 바뀌게 된다.

오답 분석

① K사와 D사는 44점으로 공동 3위이다.
② 수수료 항목에서 만점을 받아도 K사와 D사는 85점 미만이다.
④ D사가 수수료 항목에서 40점을 받고 나머지 3곳이 35점을 받는다면, M사는 83, K사는 79, J사는 81, D사는 84점이 된다. 따라서 이 경우 D사가 최종 선정된다.
⑤ K사와 J사의 점수는 2점 차이므로 순위에 영향을 끼치지 않는다.

18
정답 ④

개인별 선호도를 고려한 제품별 점수는 다음과 같다.
• K : 트렌드와 디자인

(단위 : 점)

A제품	B제품	C제품	D제품	E제품
7.9	8.2	5.5	7.7	6.8

• J : 성분과 지속력

(단위 : 점)

A제품	B제품	C제품	D제품	E제품
6.1	6.5	7.5	6.7	6.4

• Y : 가격과 성분

(단위 : 점)

A제품	B제품	C제품	D제품	E제품
7.9	5.4	7.4	5.7	7.1

• I : 지속력과 트렌드

(단위 : 점)

A제품	B제품	C제품	D제품	E제품
7.4	9	6	7.1	6.6

• S : 디자인과 가격

(단위 : 점)

A제품	B제품	C제품	D제품	E제품
7.5	7.5	5.8	7.6	7.5

그러므로 K와 I는 B제품, J는 C제품, Y는 A제품, S는 D제품을 구입할 것이다.

19
정답 ①

제품별 평점을 구하면 다음과 같다.

(단위 : 점)

구분	A제품	B제품	C제품	D제품	E제품
평점	18.4	18.3	16.1	17.4	17.2

따라서 판매량이 가장 많을 것으로 예상되는 제품은 A이다.

20
정답 ①

㉠ 월요일에 수업이 있는 과목 중 재료비가 가장 비싼 과목은 가죽공예이다.
㉢ 화요일과 목요일 오후 수업 중 201호 강의실에서 진행되는 과목은 수채화 캘리그라피이다.

21
정답 ④

월요일과 수요일 오전 수업은 양말인형 만들기 수업만 있다. 화요일과 목요일 오전 201호 강의실에서 진행되는 수업은 프랑스 자수이며, 오후에 202호 강의실에서 진행되는 수업은 꽃꽂이이다. 따라서 세 과목의 재료비 총액은 200,000+60,000+100,000=180,000원이다.

22
정답 ②

• 갑 : {국어(90×0.35)+수학 A(80×0.35)+영어(70×0.25)+사탐(85×0.2)}×$\frac{100}{10}$=940점

• 을 : {국어(80×0.2)+수학 B(84×0.35)+영어(80×0.25)+과탐(95×0.2)}×$\frac{100}{10}$=844점

• 병 : {국어(70×0.2)+수학 A(70×0.50)+영어(80×0.25)+과탐(80×0.2)}×$\frac{100}{10}$=850점

따라서 반영점수 산출 결과에 따라 입학처로부터 연락을 받는 사람을 순서대로 나열하면 갑, 병, 을이다.

23
정답 ⑤

(나) 2개의 도로에 출입구가 접했다면 큰 도로의 출입구를 기준으로 건물번호를 부여한다. 따라서 ㉠과 ㉣을 기준으로 건물번호를 부여한다.
(다) B와 C, D, F의 경우 도로 시작점에서 왼쪽으로, 홀수 건물번호를 부여받는다.

오답 분석

(가) 도로명은 붙여 써야 하며, 도로명과 건물번호 사이는 띄어야 하므로, '국회대로62길 9'는 옳은 표기이다.

24　정답 ①

4명과 6명이 순서대로 근무를 서게 되므로 최소공배수인 12일마다 같은 조합이 이루어지게 되며 12일간의 근무조합은 다음과 같이 표로 정리할 수 있다.

구분	병	정	갑	을
A	1		7	
B		2		8
C	9		3	
D		10		4
E	5		11	
F		6		12

따라서 정과 C는 함께 근무를 설 수 없는 조합이 된다.

25　정답 ⑤

부산으로 가는 경부선 ITX – 새마을호 열차는 1,001~1,030 사이의 홀수 번호여야 한다. 따라서 가능한 번호는 ⑤ 1,029뿐이다.

오답 분석

① 호남선이며, 하행선인 KTX의 열차번호이다.
② 경전선이며, 상행선인 무궁화호의 열차번호이다.
③ 호남선이며, 상행선인 ITX – 새마을호의 열차번호이다.
④ 전라선이며, 하행선인 무궁화호의 열차번호이다.

26　정답 ①

오답 분석

② AX0615HT042 : 6월 15일 B공장에서 42번째로 생산된 소도구
③ AX0615RP042 : 6월 15일 B공장에서 42번째로 생산된 포장재
④ FD0615MC042 : 6월 15일 D공장에서 42번째로 생산된 약품
⑤ FD0615RP042 : 6월 15일 D공장에서 42번째로 생산된 포장재

27　정답 ②

• BW0625MC271 : 6월 25일 A공장에서 생산된 제품은 약품(MC)이 아닌 포장재이다.
• FD6011HT108 : 6월 11일 D공장에서 생산된 소도구는 총 100개이다. 따라서 108번째로 생산된 소도구는 있을 수 없다.
• MA0622RP096 : 6월 22일 C공장에서 생산된 제품은 포장재가 아닌 소도구(HT)이다.

28　정답 ⑤

극작가는 모두 인문학 전공자이고 인문학 전공자이면서 여자인 사람은 극작가가 아니라고 했으므로 극작가는 모두 인문학 전공자이면서 남자이다. 그런데 인문학 전공자이면서 남자인 사람은 모두 논설가이다.
따라서 '극작가 → 인문학 전공자∧남자 → 논설가'이므로 인문학을 전공한 남자가 모두 논설가인 것은 맞지만, 모두 극작가인지는 알 수 없다. ①, ②, ③, ④ '극작가 → 인문학 전공자∧남자 → 논설가'이므로 극작가는 모두 남자이면서 논설가이다.

29　정답 ③

첫 번째 조건과 두 번째 조건, 세 번째 조건에 의해서 ⓐ와 ⑨에는 사업지원팀이 앉고, ⓓ에는 기획팀이 않으므로 ⓒ에는 영업팀이, ⓑ에는 기획팀이 앉아야 한다. 또한 ⓔ에는 영업팀이, ⓕ는 기획팀이 앉아야하며, 네 번째 조건에 의해 ⓗ에는 기획팀이 앉아야 한다. 따라서 ⓐ~ⓗ의 자리배치 순서는 다음과 같다.

ⓐ	ⓑ	ⓒ	ⓓ	ⓔ	ⓕ	ⓖ	ⓗ
사업지원팀	기획팀	영업팀	기획팀	영업팀	기획팀	사업지원팀	기획팀

30　정답 ①

세 번째 조건에 따르면 성수네 집 바로 위층에는 아무도 살지 않으므로, 성수네 집은 2층이거나 8층이다.
• 성수네 집이 2층인 경우 : 다섯 번째 조건에 의해 수연이네 집은 6층이고, 이어서 네 번째 조건에 의해 세희네 집은 5층이다. 첫 번째와 두 번째 조건에 의해 소미네 집은 7층이고, 선유네 집은 8층임을 알 수 있다.
• 성수네 집이 8층인 경우 : 다섯 번째 조건에 의해 수연이네 집은 6층이고, 이어서 두 번째 조건에 의해 소미네 집은 7층이다. 그러나 이 경우 첫 번째 조건을 충족시키지 못한다.

01	02	03	04	05	06	07	08	09	10
④	②	③	③	①	③	②	②	⑤	②
11	12	13	14	15	16	17	18	19	20
②	③	⑤	④	③	⑤	⑤	⑤	④	③
21	22	23	24	25	26	27	28	29	30
③	②	④	③	②	②	②	③	⑤	①

01

정답 ④

기밀문서를 훔친 사람이 B인 경우와 B가 아닌 경우를 나누어 생각해 볼 수 있다.

- 기밀문서를 훔친 사람이 B인 경우 : B가 기밀문서를 훔쳤다면 B와 D의 첫 번째 진술은 모두 거짓일 것이고, 두 번째 진술은 모두 참일 것이다. 그런데 B의 두 번째 진술에 따르면 기밀문서를 훔친 사람은 A가 되고, D의 두 번째 진술에 따르면 기밀문서를 훔친 사람은 E가 되므로 두 사람의 진술이 서로 모순된다.
- 기밀문서를 훔친 사람이 B가 아닌 경우 : B가 기밀문서를 훔치지 않았다면 B와 D의 첫 번째 진술은 모두 참일 것이고, 두 번째 진술은 모두 거짓일 것이다.
  - D의 첫 번째 진술이 참이므로 C의 두 번째 진술은 거짓이지만, 첫 번째 진술은 참이다.
  - B의 두 번째 진술이 거짓이므로 A는 기밀문서를 훔치지 않았다.
  - D의 두 번째 진술이 거짓이므로 A의 두 번째 진술은 거짓이다.
    따라서 E는 기밀문서를 훔치지 않았다. 또한 A의 첫 번째 진술은 참이므로 C는 기밀문서를 훔치지 않았다.
  - E의 첫 번째 진술은 참이지만, 두 번째 진술은 거짓이다. 이 경우에는 A, B, C, D, E의 진술이 서로 모순되지 않는다. 따라서 기밀문서를 훔친 사람은 D이다.

02

정답 ②

첫 번째 조건에서 어떤 사람을 보아도 모자와 하의는 다른 색이라고 하였으므로, 가능한 경우의 수는 다음과 같다.

모자	상의	하의	인원수(명)
빨간색	파란색	파란색	a
빨간색	빨간색	파란색	b
파란색	파란색	빨간색	c
파란색	빨간색	빨간색	d

- 두 번째 조건에서 같은 색의 상의와 하의를 입은 사람의 수는 6명이라고 하였으므로 a+d=6이다.
- 세 번째 조건에서 빨간색 모자를 쓴 사람의 수는 5명이라고 하였으므로 a+b=5이다.
- 네 번째 조건에서 모자, 상의, 하의 중 1가지만 빨간색인 사람은 7명이라고 하였으므로 a+c=7이다.

- 총 인원은 12명이므로 a+b+c+d=12이다.
위의 네 개 식을 연립하면 a=3, b=2, c=4, d=3이므로 하의만 빨간색인 사람의 인원수(=c)는 4명이다.

03

정답 ③

주어진 내용을 표로 정리하면 다음과 같다.

45세 이상	최우수		자녀 ×
35세 이상 45세 미만	우수		이직 경력 ×
	자녀 ×	보통	대출, 유주택자
35세 미만	우수		이직 경력 ×
	보통		대출, 유주택자

A는 자녀를 두고 있고 이직 경력이 있으므로 35세 미만이고 '보통'에 속한다. 또한 대출을 받고 있으며 주택을 소유하고 있다.

04

정답 ③

주어진 조건을 정리하면 다음과 같다.

- A는 제일 먼저 입사한 사람이 아니다. 또한 A는 E보다는 먼저 입사했으므로 마지막으로 입사한 사람은 A가 아니다.
- B는 A보다 먼저 입사했으므로 마지막으로 입사한 사람은 B가 아니다.
- C는 B보다 나중에 입사했으므로 제일 먼저 입사한 사람은 C가 아니다.
- 는 5명 중 두 번째로 입사하였다.
- E는 D보다 나중에 입사했으므로 제일 먼저 입사한 사람은 E가 아니다.

이를 표로 정리하면 다음과 같다.

구분	첫 번째	두 번째	세 번째	네 번째	다섯 번째
A	×				×
B					×
C	×				
D		○			
E	×				

A, C, D, E가 첫 번째로 입사한 사람이 될 수 없으므로 첫 번째로 입사한 사람은 B가 된다. 그런데 첫 번째 조건과 두 번째 조건에 의하면 B→A→E이고, 세 번째 조건에 의하면 B→C이다. 이때 가능한 경우의 수는 B→D→A→E→C, B→D→A→C→E, B→D→C→A→E 총 3가지이다. 따라서 반드시 참인 것은 ㄱ과 ㄹ이다.

05

주어진 조건을 근거로 4월의 달력을 정리하면 다음과 같다.

일	월	화	수	목	금	토
			1	2	3	4
5	김 대리 휴가					~~11~~
~~12~~	13	14	~~15~~ 업무 보고	16	17	~~18~~
~~19~~	지방 출장					25
26	27 실적 마감	28	29	30		

따라서 오 과장이 연차를 사용할 수 있는 시기는 1~3일과 28~30일이 되어 월요일은 연차에 포함되지 않는다.

06

• 방송광고 : 2(방송매체)×15회×1분=30분이다.
• 방송연설 : 2(비례대표)×10분×2(방송매체)×1회 +100(지역구)×10분×2(방송 매체)×2회=40분 +4,000분=4,040분

따라서 A정당과 그 소속 후보자들이 최대로 실시할 수 있는 선거방송 시간의 총합은 30+4,040=4,070분이다.

07

'다' 항목 중반부에서 탱크 화재 시 결빙될 수 있으므로 노출원 또는 안전장치에 직접 주수하지 말 것을 명시하였다.

08

B형 간염은 전체 접종을 6개월까지 완료해야 하고, 폴리오, b형 헤모필루스 인플루엔자, 폐렴구균 예방접종은 생후 6개월까지 기초 접종을 완료한 뒤, 이후 추가 접종을 실시한다.

09

폐가전은 폐기물 스티커를 부착하여 배출한다는 규정을 준수하였고, 시간 및 장소도 적절하다.

오답 분석

① 쓰레기는 수거 전날 저녁 7시~수거 당일 새벽 3시에 배출해야 하는데, 일요일에는 쓰레기를 수거하지 않으므로 규정에 어긋난다.
② 음식물 쓰레기는 수분 제거 후 배출해야 한다.
③ 재활용 쓰레기는 종류별로 분리하여 배출해야 한다.
④ 페트병은 뚜껑을 제거하고 내용물을 비운 후 배출해야 한다.

10

• 첫 번째 조건에 의해서 확정된 조건은 3013호의 법무팀이다.
• 두 번째 조건에 의해서 3012호와 3014호는 생산팀이 위치하지 않는다.
• 세 번째 조건에서 회계팀이 맨 끝에 위치하므로 3011호 또는 3017호가 되나, 3011호인 경우라면 3013호가 홍보팀이 되어야 하므로 회계팀은 3017호가 되어야 한다. 따라서 3015호가 홍보팀이 된다.
• 네 번째 조건에서 기획팀과 인사팀은 붙어 있어야 하므로 가능한 호수는 3011호와 3012호가 된다. 생산팀은 3013호인 법무팀과 붙어있지 않다고 했으므로 3016호가 될 수밖에 없으며, 3014호는 비서실이 된다. 이를 정리하면 다음과 같다.

3011호	3012호	3013호	3014호	3015호	3016호	3017호
기획팀 or 인사팀	인사팀 or 기획팀	법무팀	비서실	홍보팀	생산팀	회계팀

11

조건을 기호화하면 다음과 같다.
• ~파란색 → 노란색(대우 : ~노란색 → 파란색)
• 보라색 → 빨간색(대우 : ~빨간색 → ~보라색)
• 노란색 → 주황색(대우 : ~주황색 → ~노란색)
• 주황색 → ~빨간색(대우 : 빨간색 → ~주황색)

이를 종합하면 ~파란색 → 노란색 → 주황색 → ~빨간색 → ~보라색이고, 그 대우는 보라색 → 빨간색 → ~주황색 → ~노란색 → 파란색이다. 따라서 '빨간색을 선호하면 파란색도 선호한다.'만 항상 참이다.

12

총 경비는 자동차 구매 가격과 2년간의 연료비의 합으로 볼 수 있다.
따라서 다음과 같이 계산할 수 있다.
• A사 차량 : (80,000÷13×800)+2,000만 원≒492만 원+2,000만 원=2,492만 원
• B사 차량 : (80,000÷10×1,500)+2,100만 원=1,200만 원+2,100만 원=3,300만 원
• C사 차량 : (80,000÷14×800)+1,950만 원≒457만 원+1,950만 원=2,407만 원
• D사 차량 : (80,000÷12×1,200)+2,050만 원=800만 원+2,050만 원=2,850만 원
• E사 차량 : (80,000÷12×1,500)+2,100만 원=1,000만 원+2,100만 원=3,100만 원

따라서 가장 적은 경비가 소요되는 차종은 C사 차량이다.

PART 02 최종 점검 모의고사 **25**

13

- ㉠ 전체 출연금은 4.5(=3+1.5)억 원이며, 이의 50%는 2.25억 원으로 지원상한액을 초과하므로 지원 상한액인 2억 원을 받아, 총 공동기금은 6.5억 원이다.
- ㉡ 전체 출연금은 3억 원이며, 이의 50%에 해당하는 1.5억 원을 지원받아 총 공동기금은 4.5억 원이 된다.
- ㉢ 앞의 두 경우가 모두 조건에 맞는 기금이고 지원금을 포함한 출연금의 80%까지 사용할 수 있다고 명시되었으므로 총 공동기금의 80%인 6.5×0.8=5.2억 원과 4.5×0.8=3.6억 원을 합한 금액은 총 8.8억 원이다.

14
정답 ④

참여 기업별 출연금의 50%가 아니라 총 기금액의 50%(최대 2억 원까지)이므로 출연금액이 적은 기업이 지원금 혜택을 더 많이 볼 수 있다.

오답 분석

① 하나의 대기업이 동일 협력업체와 수개의 기금법인을 설립하는 경우가 아니므로 지원 대상에 해당된다.
② 당기순이익의 100분의 10까지 법인세 손비로 인정되는 세제혜택이 주어진다.
③ 정부 지원금을 포함한 출연금액의 80%를 근로복지사업으로 사용할 수 있다고 설명되어 있으며 근로복지사업에는 명절 선물비가 포함되어 있다.
⑤ 제도의 기본 취지는 대기업과 중소기업 모두의 복지향상이며, 대기업의 참여 없이 중소기업끼리의 공동 기금 출연인 경우에도 지원은 동일하다.

15
정답 ③

- ㉠ 만 30세부터 적용되어 무주택기간이 4년이 된다.
- ㉡ 26세에 혼인하였고 만 34세이나 주택을 처분한 지 2년이 되었으므로 무주택기간은 2년으로 산정된다.
- ㉢ 이혼 경력과 무관하다고 하였으므로 혼인 시점부터 산정하여 6년이 무주택기간이 된다.

16
정답 ⑤

당해 지역 내 대학교에 재학 또는 복학 예정인 타지역 출신 학생을 위한 사업으로, 해당 지역 내 거주하는 무주택 세대주의 자녀와 무관하다.

오답 분석

① 가구당 월평균소득이 도시근로자 평균의 50%를 넘으므로 자격요건에 해당되지 않는다.
② 지적장애인의 경우 배우자도 대상에 포함되며, 도시근로자 월평균소득보다 적은 경우이므로 2순위 자격이 된다.
④ 주택공급신청자의 무주택기간은 만 30세가 되는 날부터 계산하되, 만 30세 이전에 혼인한 경우(이혼 무관) 혼인 신고일부터 계산한다.

17
정답 ⑤

- ㉠ 해외부동산 취득가액이 11억 원이므로 20%인 2.2억 원이 2억 원보다 크므로 미입증금액이 2억 원보다 적으면 증여추정에서 제외된다. 따라서 ㉠은 미입증금액이 1.8억 원이므로 제외된다.
- ㉡ 취득자금이 8억 원으로, 10억 원 미만이므로 80%인 6.4억 원 이상 확인될 경우 전체가 소명된 것으로 판단한다. 6억 원이 소명된경우에는 추가 소명이 필요하다.
- ㉢ 취득자금이 12억 원으로, 10억 원 이상이므로 자금 출처 미입증금액이 2억 원 미만인 경우에만 전체가 소명된 것으로 판단한다. 2.4억 원의 미입증금액이 발생한 경우이므로 추가 소명이 필요하다.

18
정답 ⑤

- 갑 : 숙박시설을 이용하였고, 다자녀 가정이므로 입장료는 면제된다. 따라서 5인실 성수기 요금인 85,000×3=255,000원을 지불한다.
- 을 : 동절기에 이용하여 입장료는 면제되고, 일행 중 장애인이 있으므로 캐빈 50% 요금인 90,000원을 지불한다.
- 병 : 성인 4명의 10일치 입장료 40,000원에 황토데크 9박 요금 90,000원을 합산한 130,000원을 지불한다.

가장 큰 금액 255,000원과 90,000원의 차이는 165,000원이다.

19
정답 ④

부당한 표시·광고의 개념에서는 소비자가 오인할 우려가 있는 경우를 규정하고 있다. 따라서 소비자들이 해당 광고를 진실한 것으로 오인할 개연성이 현저히 떨어지는 ④와 같은 경우는 부당한 표시와 광고 위반과는 거리가 먼 경우이다.

오답 분석

① 거짓이나 과장 광고의 유형에 해당된다고 볼 수 있다.
② 소비자를 기만한 기만 광고 행위가 된다.
③ 정당한 제품의 비교가 아니므로 부당 비교에 해당하는 광고 행위에 해당된다.
⑤ 자사 제품의 우수성을 알리는 데 그치지 않고 타사 제품을 비방한 것이므로 비방적인 표시 행위에 해당된다.

20
정답 ③

- 가중치를 적용한 재학생 수는 310+60×1.5=400명이다.
- 전임교수는 A, C, F, G 4명이며, 이들은 1로 계산한다.
- 전임교수가 아니면서 1)을 만족하는 사람은 B, K 2명이고, 이들은 1로 계산한다.
- 나머지 교원의 환산교수 수는 다음과 같다.

교원	학점	구분	자격증	환산교수 수
D	6	시간강사	–	0
E	3	초빙교수	–	0.5

H	3	시간강사	변호사	0.5
I	0	명예교수	–	0
J	3	초빙교수	–	0.5
L	3	시간강사	변리사	0.5

따라서 환산교수 1인당 학생 수는 400÷8=50명이다.

21　　　　　　　　　　　　　　　정답 ③

A의 제안은 신규 자동차의 증가 억제를 통해, 그리고 B의 제안은 기존 자동차의 감소 및 신규 자동차의 증가 억제를 통해 연료 소비를 줄일 가능성이 있다고 판단한 것이라 볼 수 있다. C와 D의 제안인 주행거리에 비례한 세금의 징수나 자동차 연료세의 인상은 자동차 운행을 많이 하는 사람일수록 많은 세금을 내게 하므로 소비하는 연료의 양에 따른 추가 비용 부과 방식이다. E의 제안은 자동차 운행의 개인적 필요성이 얼마나 높은지와 무관하게 설정된 차량 번호에 따라 운행을 제한하는 방식이므로, 자동차 운행이 절실히 필요한 사람의 경우 세금을 내더라도 홀짝제의 구속을 받지 않는 것을 선호하게 된다.

22　　　　　　　　　　　　　　　정답 ②

12번을 뽑아 14점을 획득했으므로 2점짜리 카드 2번, 1점짜리 카드 10번을 뽑은 경우이다. 사과 카드를 가장 적은 짝수 횟수로 뽑았고, 사과, 바나나, 딸기 카드를 뽑은 횟수가 9번이며, 바나나와 귤 카드를 똑같은 횟수로 뽑았기 때문에 사과는 2번, 바나나와 귤은 각각 3번, 딸기는 4번 뽑은 것이 된다. 따라서 한 번도 뽑지 않은 과일 카드는 참외가 그려진 카드이며, 2점짜리 카드에 해당하는 과일은 사과임을 알 수 있다.

23　　　　　　　　　　　　　　　정답 ④

조건에서 회계부와 기획부는 서로 인접한 층에 위치하며, 홍보부는 회계부보다 위층, 인사부보다는 아래층에 위치한다. 따라서 회계부가 5층이면, 기획부는 6층, 홍보부는 7층이다. 확정 사실만을 그림으로 정리하면 다음과 같다.

구분	경우 1	경우 2
8층		인사
7층		홍보
6층		회계/기획
5층		기획/회계
4층	연구	연구
3층	총무	총무
2층	회계/기획	
1층	기획/회계	

따라서 회계부가 5층이라면 홍보부는 7층이다.

오답 분석

① 생산부는 별다른 조건이 제시되지 않았으므로, 연구부의 위층이나 아래층 모두 위치할 수 있다.

② 영업부는 조건이 제한되지 않았으므로 3층과 4층을 제외한 모든 층에 위치할 수 있다.

③ 기획부와 회계부는 연달아 위치하므로 기획부가 1층이라면 회계부는 2층이다. 홍보부는 회계부보다 높은 층이나 5층에 위치할 수 있다.

⑤ 인사부는 홍보부보다 위층에 위치해야 하고, 회계부는 홍보부보다 아래층에 위치하므로 6층 이상에만 배치된다.

24　　　　　　　　　　　　　　　정답 ③

기업별 지원 비율은 기업 규모가 작을수록 더 높아진다.

오답 분석

① 숙식비와 훈련수당은 원격훈련의 경우 지원되지 않으나 '훈련비'는 모든 종류의 훈련에 지원된다.

② 지원금의 산출식을 보면 훈련인원과 훈련시간은 지원금 규모와 비례하는 것을 알 수 있다.

④ 원격훈련만 훈련과정 심사등급에 따라 차등 지급한다.

⑤ 양성훈련은 집체, 현장훈련의 일환으로 100%의 지원 비율이, 인터넷 원격훈련은 120%의 지원 비율이 적용된다.

25　　　　　　　　　　　　　　　정답 ②

각 기업별로 지원금액을 정리해 보면 다음 표와 같다.

구분	갑	을
기업 구분	우선지원대상	일반 대규모
훈련시간(시간)	3	4
훈련 종류	향상훈련	전직훈련
표준훈련비(원)	20,000	20,000
심사등급	–	–
지원금액(원)	20,000×3×100% =60,000원	20,000×4×70% =56,000원

구분	병	정
기업 구분	우선지원대상	일반 대규모
훈련시간(시간)	9	11
훈련 종류	스마트 원격	인터넷 원격
표준훈련비(원)	–	–
심사등급	C	A
지원금액(원)	5,400×9×120% =58,320원	5,600×11×80% =49,280원

따라서 1인당 지원 금액의 규모는 갑-병-을-정 기업 순으로 많다.

26

ⓒ B가 참여하고자 하는 '아는 만큼 보이는 식물의 전략' 프로그램은 8~11세로 연령이 제한되어 있어 참여할 수 없다.

ⓔ 프로그램에 참여하기 위해서는 반드시 프로그램 시작 전 도착해야 한다. 해당 프로그램이 오후 3시에 시작하므로 D는 참여할 수 없다.

27

정답 ②

'아는 만큼 보이는 식물의 전략' 프로그램에는 15명이 참여하고 교육비는 3,000원이다. 나머지 두 프로그램의 교육비는 10,000원으로 같고, 모두 22명이 참여한다. 따라서 총 교육비는 3,000×15+10,000×22=265,000원이나 프로그램에 10명 이상 단체가 참여할 경우 10% 할인 적용되므로 지불해야할 교육비는 총 238,500원이다.

28

정답 ③

두 명제를 벤다이어그램으로 정리하면 다음과 같다.

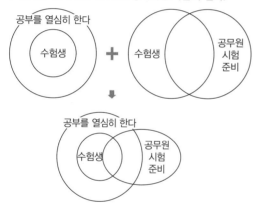

29

정답 ⑤

훈련시간이 20시간 미만인 사람은 시간당 2,250원을 적용한다. 20시간 이상인 사람의 최초 20시간까지의 지원금은 45,000원이며 이를 시간당 금액으로 환산하면 2,250원이다.

오답 분석

① 3가지 교육과정 모두 수강을 포기한 경우 출석률 등 정해진 기준에 따라 일정 지원 금액이 지급된다.

② 집체훈련 과정을 수료한 경우라도 일부 기준에 따라 수강료의 100분의 60의 지원 금액을 지급받는다고 명시되어 있다.

③ 원격훈련 지원금은 인터넷원격훈련을 통한 외국어과정만 100분의 50을 지급받고 그 외의 경우에는 100분의 100을 지급받는다.

④ 외국어과정을 수료한 경우 지원금은 최대 100분의 60이나 집체 훈련과정 지원금은 100분의 80이 기본이며, 기준에 따라 최저 100분의 60이 지급된다.

30

정답 ①

㉠ 외국어과정 훈련시간이 20시간 이상일 경우의 지원금은 최초 20시간 45,000원에 추가 20시간마다 45,000원씩 가산한 금액이다. 그런데 수강료의 100분의 60을 초과해서 지급받지 못하므로 지원금은 72,000원이며, 이를 시간당 금액으로 환산하면 시간당 1,800원이다.

㉡ 미용업에 종사하는 집체훈련과정 수료자이므로 지원금은 수강료의 100분의 60이 적용된다. 따라서 시간당 지원 금액은 4,000×0.6=2,400원이다.

㉢ 외국어과정 훈련 시간이 20시간 미만이나 우선지원대상기업 근로자이므로 시간당 2,700원을 지원받는다.

MEMO

MEMO

MEMO

고졸채용 NCS 문제해결능력

초 판 발 행	2023년 03월 10일
개정2판1쇄	2025년 04월 10일

편　　　저	NCS 공기업연구소
발 행 인	정용수
발 행 처	(주)예문아카이브
주　　　소	서울시 마포구 동교로 18길 10 2층
T　E　L	02) 2038 - 7597
F　A　X	031) 955 - 0660

등 록 번 호	제2016 - 000240호

정　　　가	17,000원

홈페이지 http://www.yeamoonedu.com

ISBN　979-11-6386-445-5　　[13320]

NCS
고졸채용
문제해결능력

정답 및 해설